I0447840

Reconnecter son être

Retour à soi-même

Christa **Lyze**

Note de l'éditeur

A la réception de ce manuscrit, nous étions divisés. Nous avions la possibilité de le passer sous une intense correction pour rendre le contenu plus léger, moins agressif. A un moment, nous avons même effleuré l'idée de ré-écrire certains passages en partant des excellentes idées de l'auteur.

Après délibération, avec la collaboration de Christa, nous avons opté pour une correction « légère » qui consistait à diviser des phrases trop longues, à ajouter des ponctuations pour alléger la lecture, tout en préservant l'essence même et la force de l'ouvrage.

Nous espérons vivement que le résultat vous sera plaisant à lire, et que les messages envoyés vous arriveront avec la même intensité que lors de notre première lecture.

Bonne lecture.

REMERCIEMENTS

Je voudrais remercier du plus profond de mon cœur toutes les personnes que j'ai eu la chance de rencontrer au cours de ces dernières années. Remercier la vie pour tous ces enseignements à travers les expériences que j'ai vécues. Merci aux écrivains qui m'ont accompagnées et m'ont transmis leur savoir au fil du temps. Je tiens particulièrement à remercier mes parents qui, malgré nos différents, m'acceptent telle que je suis, merci de tout cœur pour m'avoir enseigné le chemin de la simplicité et de l'essentiel.

Enfin, je remercie formatbook pour son excellent travail, cela fut un grand plaisir de découvrir les résultats de la couverture et de mise en page, j'envoie tout spécialement mes remerciements à Steve, spécialiste en design, pour son efficacité et ses talents. Un grand merci également a Josseline pour la correction du manuscrit

Table des matières

Préambule

Ce livre a été écrit dans l'espoir que chacun se reconnecte à son essentiel et puisse trouver sa place au sein de la société malgré ses contraintes. Nous avons la liberté et les capacités de nous créer une vie harmonieuse ou d'en faire un enfer. Nos pensées, nos actes et nos attitudes ont de grandes influences et répercussions. Il me semble que chacun peut remettre en question ses comportements du quotidien afin de se reconnecter avec ce qu'il a de plus profond. Que tous puissent se reconnaître en dehors du système tel qu'il est établi, que chacun prenne conscience de la force insoupçonnable qu'il possède. L'homme à bien plus de capacité que l'on ne le prétend et il doit pouvoir s'en servir afin de reprendre sa place à juste titre. Que chacun puisse se reconnaître et reconnecter son être à la vérité, à son essentiel qui ont été agonisés par une structure, par une programmation reçue. L'homme ne peut vivre heureux, libre et en paix sans le contact avec soi-même. Chacun sera invité à restaurer la connexion avec lui-même et pour reconnaître l'existence à sa juste valeur.

Introduction

La vie est loin d'être absurde, étant donné qu'elle ne s'arrête jamais, elle est juste la plus belle école au monde qui nous permet d'apprendre, d'évoluer. Il suffit de regarder notre monde pour nous rendre compte du travail (l'évolution) que nous avons à fournir, car le monde est bel et bien le reflet de notre image. Il est parfois nécessaire de passer par des épreuves intenses pour comprendre certaines choses. Il peut s'avérer que certaines leçons soient rudes mais celles-ci sont en général source d'évolution, elles peuvent nous amener à nous questionner, changer le cours de notre vie.

Nous sommes tous unis, vivant à la même époque, au même moment et contribuant tous par nos attitudes et actions au reflet du monde. Pourquoi ne pas traverser cette expérience dans l'union plutôt que par la séparation ? N'êtes-vous pas fatigués de vous conformer à des systèmes qui ne vous conviennent pas forcément, à des normes toutes faites qu'offrent la société ? Ne serait –il pas bon de sortir de certains systèmes qui ne laissent pas de place à ce que nous sommes réellement ?

Quel est notre réelle identification ?

Croyez-vous qu'il est nécessaire de suivre une structure qui vous dise comment vivre et quel est le chemin à suivre ? Comment pourrions-nous ressentir notre vision des choses sans influence.

Pourrions-nous éviter les déséquilibres et le stress en nous écoutant et en nous respectant ?

Ne pourrions-nous pas vivre de façon plus libre et authentique en lâchant prise, en nous laissant seulement vivre sans principes, retrouvant notre intuition et délaissant nos limitations ?

Les frustrations, le mal-être, les maladies, viennent des confrontations, des conflits de notre être profond. Nous avons à faire à une lutte constante entre ce que nous ressentons et pensons, une confrontation entre l'expression de l'être et le conditionnement, le cloisonnement de notre ego. Ne serait-il pas temps d'unir notre cœur avec nos pensées ?

N'est-il pas important de vivre libre ? Laisser de coté toutes nos croyances gravées au fil de notre vie mais écouter notre ressenti. Ne pas chercher à vouloir être parfaits mais nous laisser aller suivant notre évolution. Vivre en respectant notre ressenti amène la paix et la sérénité.

Vivre à travers nos pensées et agir à travers des conditionnements génère stress, souffrance et mal-être. Apprendre à être tout simplement soi, évoluer à son rythme sachant qu'aucun pas n'est mauvais, mais source d'évolution, s'autoriser à se tromper, accepter l'erreur, elle n'est pas là pour rien. Apprendre à lâcher prise devant les circonstances.

En laissant tomber nos barrières rigides, en nous déchargeant de nos bagages émotionnels, nous nous rapprochons chaque fois un peu plus de nous-mêmes, de la liberté et de la paix intérieure.

Quel apaisement se fait ressentir en nous faisant confiance, en nous écoutant sans aucune influence, sans principes mais nous laissant aller par ce que nous ressentons, les peurs disparaissent complètement car elles n'ont plus de raison d'être, nous savons au fond de nous-mêmes que nous faisons ce qui est bon pour notre bien- être.

Quelle vie paisible pourrions-nous avoir sans confrontations, vivant avec soi–même et non en lutte, se laisser aller et savoir que nous sommes là pour apprendre, étant à l'écoute de nous-mêmes et non en constant combat, retrouvant notre état pur sans tension, étant ouvert à tout ce que la vie place sur notre route.

Christa Lyze

Conditionnements et programmations

Comprendre le mode de fonctionnement de notre société

Je vous propose dans un premier temps de commencer par définir la société, selon wikipedia :

```
la     société   est   l'ensemble   des
modèles           d'organisation        et
d'interrelation, des individus et des
groupes,   des   associations,   des
organisations et des institutions qui
concourent    à    la    satisfaction
concertée   des   besoins   de   la
collectivité.
```

A mon sens, cette définition pourrait être simpliste, car elle ne reflète pas vraiment l'influence que la société détient sur l'individu. Si nous considérons que la société est une pensée collective, car elle représente un ensemble de codes, règles, valeurs et normes de vie que l'individu se doit de suivre et mettre en application pour le respect de cette même société, celui-ci est donc invité à suivre les critères établis par la société.

Mais qui définit réellement ces critères ? Si nous regardons notre société de consommation,... à qui profite-t-elle réellement ? Est–elle là pour répondre aux besoins de la collectivité, ou pour créer de faux besoins et en tirer des intérêts économiques pendant que les individus de cette collectivité se laissent mener en barque par le pouvoir que détient cette institution ? Sommes-nous suffisamment conscients de notre implication dans la constitution du fonctionnement de notre société ? Cela va sans dire que les comportements que nous adoptons ne sont autres que le reflet de notre société.

Le manque de remise en question peut nous enfermer dans une vie automatisée, vivant de cette façon inconsciemment, les yeux fermés, nous remettant ainsi entièrement aux critères établis par cette société. Ne serait-il pas bon de se remettre en question et de pouvoir, de cette manière, retrouver sa part de liberté ? Les attitudes et pensées que nous avons adoptées nous correspondent-elles réellement ?

Comment l'être humain a pu délaisser sa nature spontanée pour autant de rigidité, se laissant diriger par des conditionnements qui lui ont été inculqués, manipulé par ce qui l'entoure (normes de la société en général) et de ce faire en perde le contact avec son être profond ?

Pris dans l'engouement du toujours plus, dans le cercle infernal de la frustration, pourquoi l'homme ne prend-il pas le temps de se repositionner et de se rendre compte de l'absurdité de certains de ses gestes, qui bien souvent le dévient de l'essentiel. Baignant dans une atmosphère d'esclavagiste où le travail devient la seule raison de vivre, l'éducation, la société le possède par le raisonnement, laissant pour compte ce qu'il ressent.

Se laissant gentiment duper par les médias, publicités,…. baignant dans la négativité, il est facile de se laisser guider par des structures aberrantes reposant ainsi confortablement dans des rails tout tracés. Ne serait-il pas bon de se questionner sur le sens de nos actes ?

La connaissance de notre monde passe par les médias, informations que nous recevons que cela soit par la télé, radio, internet ou la parole d'autres individus. Si chaque information reçue est prise comme argent comptant, comme une réalité sans la moindre réflexion ni indulgence de notre part, il est facile de tomber dans la manipulation.

Ne serait-il pas intéressant de se questionner sur ces vérités toutes faites ?

Il faut savoir que nos demandes forment la société, les médias répondent à celles-ci (leur objectif étant de récolter de l'audience, ils ne cherchent qu'à satisfaire nos demandes, ou encore tester notre réceptivité). Il va sans dire que nous sommes responsables de notre environnement.

Il est donc surprenant de constater qu'une majorité d'entre nous a de l'attrait pour la négativité. Mais pourquoi cet intérêt ? Pourquoi la normalité ou les informations positives n'intéressent-elles pas ? Prenons-nous plaisir à baigner dans cette ambiance morose ? La négativité fait parler d'elle, elle est donnée, offerte et demandée,... et apparemment cela ne dérange pas d'allumer la télévision ou radio pour écouter le côté pathétique de ce monde. Les médias se chargent de répondre aux demandes de la collectivité. Si le négatif intéresse alors ils nous raconteront tout ce qui ne va pas, avec la dose de négativité, et utilisant tout les moyens possibles pour retenir notre intérêt. Comment pouvons-nous espérer un monde en bonne santé si nous ne voyons que le mal-être. Comment pouvons-nous espérer la lumière si nous ne voyons que les zones d'ombre ?

N'aspirez-vous donc pas à d'autres nouvelles ? En refusant d'écouter ensemble des ondes négatives, la diffusion prendra fin (car s'il n'y a plus d'audience, il n'y aura plus de diffusion) chacun pourra alors se détacher de l'influence négative pour entrevoir des choses plus positives et arrêter de broyer du noir. Nos pensées et nos actes ont de grandes influences et répercussions sur ce monde, chaque individu par ses actions apporte la pierre à l'édifice.

Cela fait plus de 4 ans que je n'écoute et ne lis absolument plus aucune information, que cela soit par la télé, radio, internet ou journal et pourtant j'arrive toujours à être au courant des choses vraiment importantes. En agissant de la sorte, j'évite de commencer ma journée avec des énergies négatives, ou encore de penser « *mais dans quel monde vit-on !* ». Si demain les mauvaises nouvelles se font insupportables pour tout le monde et que plus personne ne les écoutent, il va sans dire que nous n'en entendrons plus !

La société en tant que grand groupe va créer ses propres valeurs et normes, la société nous l'influence mais nous l'influençons également. Par instinct nous allons vouloir être reconnus et intégrés dans ce groupe, cherchant à en faire partie. Nous allons vouloir ressembler à ses membres et donc agir tous de la même manière, recherchant l'estime et en arrivant à s'oublier. A vouloir autant chercher à s'identifier, l'individu en arrive à ne plus savoir qui il est réellement en dehors de ces critères établis.

Pour faire partir de ce groupe, nous avons des normes auxquelles nous devons nous soumettre, des comportements à adopter pour répondre aux attentes du groupe. Le non respect de celles-ci peut nous faire sentir exclus (marginaux). Il existe plusieurs expressions pour dénoncer les individus qui prennent la décision de ne pas respecter les normes et valeurs de cette société.

A vouloir autant faire partie de ce groupe, nous n'agissons plus pour nous-mêmes, nous ne pensons plus par nous-mêmes. Pourquoi se tracasser si la société pense à notre place !!

Nous en venons à perdre notre liberté au nom de suivre l'alignement, ayant les mêmes aspirations que les autres sans même nous demander si cela en vaut vraiment la peine ou si nous le désirons réellement.

Notre société met l'accent sur des valeurs telles que ; le paraître (physique), les possessions, la productivité (travail), rentabilité (temps = argent), la rigidité (rester dans le moule, pas d'extravagances), le statut (diplômes). Toutes celles-ci vont représenter l'idéal à suivre et les bases de vie pour faire partie du groupe, le chemin à suivre pour être reconnu. Tous ceux qui veulent vouloir en faire partie doivent suivre le modèle dans le respect de celui-ci. Pour en sortir, il faut accepter d'être exclu, différent, « anormal » ou encore traité de fou.

Le statut, par exemple, enferme l'individu dans l'esclavagisme mental, voulant à tout prix se conditionner au principe et se sentant totalement inexistant sans la représentation d'un statut reconnu par le groupe. « *Sans travail, je ne suis rien*», les angoisses et dépressions sont compréhensibles, restant enfermées dans un statut préétabli.

Allant ainsi vers des objectifs vides de sens : posséder les dernières technologies (belles voitures, appareils de toute sorte en veux-tu en voilà,...), la recherche d'un statut, le paraître,... cherchent sans fin à s'aligner avec les valeurs décrites par cette brave société.

Toutes ces choses nous éloignent bien souvent de notre quête : « *Le bonheur* », et là est bien le but recherché, il faut des gens insatisfaits et frustrés pour faire marcher le business, nos insatisfactions font le plaisir des autres, des marchands.

Ne serait-il pas temps de nous recentrer, de revenir à nous–mêmes ? Jusqu'où pouvons-nous pousser la déchéance ?

Les valeurs que transmettent la société sont–elles réellement dignes d'être respectées ? Ne pourrait–on pas envisager de définir nos propres valeurs personnelles ? L'idéal qu'offre la société nous convient-il réellement ? N'aspirons-nous pas à d'autres choses ?

Le bonheur est–il réellement celui proclamé par notre société ? La réussite se résume-t-elle à de beaux diplômes, posséder des choses et d'autres ? La compétition fait–elle de nous des personnes heureuses ?

Se remettre en question est incontournable pour pouvoir comprendre et sortir de ces schémas qui pour la plupart sont ahurissants. Ces valeurs nous sont transmises depuis notre enfance et font partie de notre vie, nous nous identifions à travers elles. Nous sommes les seuls à pouvoir décider de vivre à travers celles-ci, ou de les délaisser. Nous sommes les seuls responsables de ce laisser aller, d'être des petits pions que l'on manipule sans difficulté, ceci n'est bien entendu que mon impression. Nous pouvons choisir de continuer à accepter l'aberrance au risque d'être des éternels frustrés, car peu de chance avons-nous d'être satisfaits dans ces conditions, ou nous responsabiliser en remettant en question les valeurs qui nous ont été transmises et qui constituent notre société.

Avons-nous réellement besoin de tout ce que nous possédons ?

Avoir de grandes maisons, est-ce réellement enviable ?

Certes, cela peut dépendre des circonstances. Je n'inclus pas les familles nombreuses (quoique de plus en plus rares), ou chaque membre a besoin de son espace vital.

Mais si nous parlons du couple sans enfants ou avec un ou deux enfants, pourquoi cette ambition de « posséder » une grande propriété ? Il est clair que le paraître domine largement notre société et pousse la plupart d'entre nous à opter pour cette solution sans même y avoir pensé, et donc d'en subir les conséquences par après.

Si nous prenons ainsi peu de temps pour y penser, pour nous *remettre en question*, nous pouvons constater certains points auxquels la société ne fera jamais référence car son seul objectif est de nous pousser à la consommation et non à la régression ! Cette dernière ne peut se faire que de forme individuelle et détient le pouvoir de changer le cours des choses.

Nous pouvons donc constater les conséquences et épreuves auxquelles nous devrons faire face en optant de suivre les idéaux d'une société de consommation.

Si nous prenons par exemple le cas de posséder une grande maison, regardons quel en est le prix à payer (c'est la bonne expression) :

Il faut dès le départ prendre conscience que si le budget est plus important, cela va entraîner plus de frais, donc plus de travail, ce qui entraîne à son tour moins de temps pour nos autres occupations et en général plus de tension, jusque là, rien de plaisant. Une grande maison demande beaucoup plus d'entretien et par la même occasion préoccupations et dépenses. L'addition de tous ces facteurs ne risque pas de nous apporter un bonheur très exaltant.

Comme preuve à l'appui, voyons cette petite histoire de Paul et Marie.

Ceux-ci vivaient dans un petit appartement en location, juste bien pour eux deux et les besoins du moment. Malgré cela, ils décidèrent de faire construire, ils travaillaient tout deux mais recevaient des petits salaires. Marie travaillait comme caissière dans une grande surface et Paul était mécanicien. Ils décidèrent ensemble de faire une maison de trois chambres (sans savoir si un jour ils auraient des enfants), elle serait composée de trois niveaux et devrait être évaluée à trois cent mille euros.

Les travaux commencent un jour et les factures s'empilent, ils se rendent vite compte que le prêt de 200.000 € qu'ils avaient prévu va être trop juste, ils optent donc de tirer sur leur petite réserve d'argent prévu pour l'ameublement. Suite à cet imprévu et voyant les factures s'enchaîner, les tensions dans le couple commencent à se faire sentir. Pour essayer de remédier aux imprévus financiers, ils en viennent à ne plus sortir et suppriment les petits plaisirs quotidiens, le stress se fait sentir de jour en jour et les discussions sont de plus en plus présentes. Ils commencent à regretter leur petite vie d'avant, certes simple mais incluant beaucoup moins de tracas. A force de sacrifices, d'heures de travail supplémentaires, de stress quotidien, de discussions et privations, ils parviennent enfin à terminer leur maison, mais ne peuvent l'aménager, n'ayant plus de ressources économiques pour la meubler. Ils resteront donc un temps sans pouvoir vraiment l'aménager. Nous voyons que ce qui devait être une source de bonheur n'a été au fond que tensions et mal-être. Sachant de plus qu'ils auront une dette de trente ans à rembourser.

Combien d'exemples pouvons-nous citer dans le même cas ? Des personnes qui ont vu trop grand, avec un beau projet de construction et qui ne peuvent l'achever par manque de moyen. Pourquoi avoir la folie des grandeurs si les moyens ne le permettent pas ! N'est-il pas mieux de concevoir les choses autrement suivant nos réelles possibilités ! Ceci pourrait éviter les tensions, les angoisses, et nous permettre de continuer à vivre dignement sans nous priver.

En faisant un petit calcul, j'ai pu déduire que le prêt nécessaire à la construction d'une grande maison pourrait permettre de vivre en location pendant plus de cinquante ans. Concept intéressant, quand nous savons tous que nous ne faisons que passer sur terre et que nous n'emporterons rien avec nous. Pourquoi vouloir à tout prix posséder « sa » maison ?

Je vous entends déjà parler de ce fameux préjugé sur la location « *je ne veux pas payer pour les autres* », dans ce cas est-il mieux de payer trente ans (voir plus) de sa vie à la banque sans parler des intérêts que celle-ci prend au passage ? Cette décision va-t-elle réellement contribuer à votre bonheur ? Il est peut être bon de se questionner avant sur les avantages et les inconvénients, la balance est–elle équilibrée ?

A chacun d'entre nous de choisir ses priorités, à savoir entre qualité de vie ou quantité, et par-dessus tout connaître la raison de ses actions. Quel est réellement le but recherché ? Quelles en sont les conséquences, le jeu en vaut-il la chandelle ? Le faisons-nous réellement pour nous ou pour suivre l'inspiration de notre société, et ainsi pouvoir nous valoriser aux yeux des autres ? Je ne prétends rien mais seulement invite à nous poser certaines questions.

J'ai pris volontairement l'exemple de la maison car c'est en général un crédit que nous gardons à nos dépends pendant des années, sans parler de nos restrictions de liberté.

Ces petites remises en question sont valables pour l'étendue des priorités auxquelles nous pousse la société ; le statut ou un haut salaire sont-ils réellement bénéfiques si nous n'avons plus de temps libre dû au nombre d'heures de travail que nous devons fournir ? Posséder les dernières nouveautés apporte réellement une satisfaction ? Suivre la mode qui n'en finit jamais, nous sommes toujours démodés,... mais bon, comme tout le monde agit de cette façon, l'individu suit le troupeau, sans même se poser la question des bénéfices recherchés.

Détenir ses propres réponses est essentiel, sans quoi la société répond à notre place, elle sait parfaitement vanter un bonheur illusoire. Si les remises en questions sont inexistantes, l'être humain se laisse facilement aller au modèle présenté et cela peut amener une contradiction avec lui-même.

Vous êtes-vous déjà questionné sur le sens de votre vie ou suivez-vous un chemin tracé sans même vous préoccuper de vos gestes ? Vous êtes-vous demandé sincèrement ce qui vous rend heureux ?

Dans notre société, c'est la rentabilité qui domine « *le temps c'est de l'argent* », tout est focalisé sur le principe de rentabilité, l'individu a tendance à délaisser ainsi tout ce qui n'est pas rentable, tout ce qui met un frein à ce principe. Il délaisse sa vie pour se dédier au travail, négligeant les relations humaines, la famille. Tout devient moins important que le business, tout est calculé en termes d'argent, tout est planifié, il n'y a pas de temps pour vivre, les valeurs humaines (l'essentiel) sont écrasées par la valeur de rentabilité.

Travailler, dépenser, payer toutes ses factures et recommencer jusqu'à ce que mort s'en suive. Est–ce réellement cela le protocole d'une vie ? Quel beau tableau et à quel point l'homme peut-il passer à coté de l'essentiel,... qui devrait être de **vivre** tout simplement avec ce qui le rend heureux.

Le temps est un bien précieux, que certains délaissent chaque jour et le gaspillent en travaillant. Tout est perçu à travers des horaires, ponctualité, rigidité,... arriver en retard quelque soit la raison est un manque de respect dans notre société. Travailler toujours plus pour payer les frais et assoiffer les envies, continuant à alimenter ce cercle vicieux et passer ainsi désespérément à coté de sa vie.

Cette denrée rare (le temps) est souvent utilisée à tort et à travers. Ne pourrions-nous pas commencer à faire un tri dans nos dépenses ? En séparant l'utile du futile, le nécessaire du superficiel ? Cela permettrait de cibler des désirs beaucoup plus valorisants que matériels et peut-être récupérer du temps,... et pouvoir ainsi le mettre à profit dans ce qui nous satisfait vraiment. Cela ne pourrait être que gratifiant !

Souffrir du manque de temps par la surcharge de travail que nous demande nos consommations excessives nous a fait perdre totalement la qualité de vie pour du vide et des choses sans importance. Avant, le temps était dédié à la qualité. Aujourd'hui il n'est plus que vitesse et quantité. Plus le temps pour préparer un bon repas, on avale quelques chose vite fait, plats préparés, restauration rapide, tant que cela remplit notre pauvre petit estomac qui ne demande qu'à être respecté. Plus le temps d'admirer ce qui nous entoure, on le passe à klaxonner dans des embouteillages. Il n'a jamais été dit que nous vivions pour le travail, mais bien le contraire, nous travaillons pour vivre,... alors que faut–il réellement pour vivre ?

Il fut un temps ou nous achetions par nécessité ; nourriture, besoins primaires, etc... Aujourd'hui, nous consommons pour gaspiller, publicité, mode,.. . Tout ceci nous invite à adopter ce comportement dénudé de sens et nous pousse à la consommation. Mais encore une fois, <u>nous sommes responsables d'abdiquer ou non,</u> car cette consommation s'adapte à nos comportements. N'est-ce pas l'individu qui accepte d'acheter des choses inutiles et d'alimenter ainsi le business ? Nous vivons de cette façon dans un système absurde que la collectivité (nous) a créé par ses comportements, passant d'une consommation nécessaire à une consommation superflue. Se responsabiliser, c'est aussi refuser la manipulation.

Nous savons tous au fond de nous-mêmes que ce n'est pas une nouvelle voiture, une grande maison et tous ces achats compensatoires qui vont nous rendre heureux, tout cela n'est généralement qu'illusions. Un sourire, une sortie entre amis, une soirée en présence d'une personne que l'on aime aurait plus tendance à nous combler,... alors mes questions sont simples :

Est-ce que cela vaut vraiment la peine de céder sa vie à courir derrière des choses qui ne sont qu'éphémères et qui ne procurent qu'un plaisir de courte durée, et je ne parle même pas de satisfaction ? Pourquoi continuer dans cette course perdue ?

Ne sommes-nous pas venus sur cette terre pour d'autres choses ? Nous savons que tous ces objets matériels ; maison, voiture, ne sont que des moyens pour vivre ici et termineront en poussière tout comme nous.

La vie est courte, pourquoi là prendre avec autant de sérieux en la dédiant au travail et en limitant les plaisirs. Ne sommes-nous pas venus ici pour vivre ? Vivre se résume-t-il à suivre des principes ? Nous pouvons tous vivre comme nous le voulons, le reste n'est qu'excuses. Il suffit de sortir de certains schémas qui nous enferment et de créer notre propre chemin avec ce qui est bon pour chacun de nous. Demandez-vous sincèrement ce qui vous rend heureux, ce qui fait que vous vous sentez bien, que vous êtes en paix et basez votre vie sur ce principe. Si chacun d'entre nous pouvait prendre conscience qu'avec peu, nous pouvons vivre parfaitement dans la joie et être satisfaits, le reste n'est que transitoire.

Simplement écouter une belle musique, celle que nous aimons, et se dire qu'il est bon de vivre. Penser aux personnes que l'on aime, qui nous entourent, et prendre conscience de tout ce que nous avons.   Regarder un paysage, prendre le temps de vivre, admirer, regarder, écouter le chant des oiseaux. Le soir, au coucher du soleil, le calme plat, la sérénité, quel bonheur !

Les fausses illusions de bonheur n'apportent en général que frustration. Être dans la « norme », faire comme tout le monde entraîne bien souvent un non respect de soi, c est l'une des plus grandes erreurs humaines.   Chacun est unique et a quelque chose de différent à apporter sur cette terre.

Nous avons su parfaitement nous développer technologiquement, mais qu'en est-il des valeurs de vie ? Nous sommes toujours coincés dans un alignement qui n'a pas évolué ; naissance-éducation-études, se spécialiser pour avoir un diplôme reconnu, avoir une vie de couple stable, penser à son futur, chercher un bon travail avec un haut revenu, se marier, avoir des enfants, s'établir avec le système de consommation, s'endetter,… vie stressée, maladie. Quel désespoir, où sont la magie et l'originalité ?.

Ne serait–il pas plus juste de penser et choisir par soi-même plutôt que de suivre le troupeau, suivre une mode, imiter autrui et en perdre sa liberté ? La remise en question est encore et toujours un moyen pour reprendre les rênes de sa vie et ainsi être vigilant pour ne plus se laisser aller dans un système. Apprenons à redéfinir les priorités essentielles de notre vie quotidienne.

Si nous décidons de ne plus suivre la mode, c'est-à-dire d'acheter toutes les nouveautés, quelqu'en soit le prix, il n'existera plus de mode. Si les marques n'ont plus de succès, il n'y aura plus de marques.

Avoir le souci de savoir ce qu'il nous faut pour vivre et ce qui nous rend réellement heureux, viser la reconnexion à l'essentiel. Je pense que satisfaire nos besoins vitaux est largement suffisant, parce que le **bonheur est tout simplement à l'intérieur de nous** (nous le verrons plus en détail dans le chapitre suivant), le chercher en dehors c'est se leurrer. Sortir de cet engrenage, c'est retrouver sa liberté, c'est retrouver du temps pour soi, c'est se libérer des préoccupations, du stress, des angoisses que nous offre la vie d'esclavagisme, décider de prendre soin de soi, d' offrir le meilleur à son corps et à son esprit, ne plus accepter ce que l'on nous propose ; malbouffe, surconsommation, superficialité,... mais revenir au respect de soi.

Avons-nous vraiment besoin d'autant de choses pour vivre ou devons-nous faire comme tout le monde ? Quand les autres possèdent certaines choses, alors nous les désirons, suivant comme des moutons le chemin tracé dans un monde dirigé par l'industrie.

Vivre seulement avec l'essentiel est réellement un plaisir. Revoir ses consommations peut se résumer à fuir les marques et toutes les dépendances excessives, boycotter tout ce qui nous ne sert plus, l'échanger ou l'offrir, revenir à un maximum d'autonomie et pouvoir ainsi dépendre de moins en moins d'un système vicieux.

Apprendre à vivre avec la nature et la respecter est primordial pour notre survie. Nous faisons tous partie de cette sphère et la nature est avant tout notre maison, nous dépendons d'elle pour vivre. C'est elle qui nous donne notre bouffée d'oxygène, qui nous nourrit et nous fournit tout ce dont nous avons besoin. Détruire notre entourage, c'est nous détruire nous-mêmes. Regarder les choses d'un autre angle, c'est pouvoir remettre les valeurs de la société en question.

La mode nous pousse à l'exagération, mais nous sommes responsables d'agir en sa faveur ou non. Nous sommes libres de reconsidérer les valeurs que nous présentent la société. Beaucoup se comparent à un corps idéal, mais peu d'entre eux se remettent en question sur le fondement de ce résultat. Privations, frustrations, comportements déséquilibrés et profond mal-être en sont les conséquences, il ne saurait en être autrement sans le respect de soi-même, valorisant l'individu par son physique, le paraître est devenu plus important que la santé elle-même. Serions nous réellement plus heureux avec 4kg de moins, des abdominaux,... et n'oublions pas le bronzage !?!

Comment en sommes-nous arrivés à nous fier plus à l'aspect de la personne qu'à l'âme que celle-ci abrite ? Pourquoi tant d'importance à l'aspect extérieur ? Celui-ci n'est rien d'autre qu'une enveloppe. Seule l'âme vivant à l'intérieur de ce corps est capable d'échange de données, de nous apprendre. En suivant ces valeurs, ne passons-nous pas notre vie dans le vide, en la remplissant d'artifices ? En décidant de suivre ces valeurs, avons-nous encore du respect pour nous-mêmes ?

Changer certaines de ces valeurs demande un travail intérieur profond, car elles détiennent un fort encrage sur nous. Elles ont été intégrées depuis longtemps, et nous avons pris l'habitude de vivre à travers celles-ci .

« Les êtres humains ont toujours le désir de vivre dans une existence ordonnée et programmée, laissant pour compte la vérité, en oubliant qui ils sont réellement, à force de se voir à travers des structures toutes faites, ils ne se distinguent plus, on pourrait croire que la plupart vivent pour les mêmes choses, ont les mêmes objectifs, ambitions. Beaucoup ont oublié que chacun est unique et que chacun à quelque chose de différent à apporter a l'humanité ».

(Toute mes excuses, mais je ne retrouve plus l'auteur de cette citation)

Cette déconnexion face à soi-même entraîne bien des déséquilibres ; un renoncement de soi, une vie sans enthousiasme et dénudée de sens. Il existe bien d'autres chemins que celui enseigné, mais si notre regard reste fixé et que nos objectifs ne vont pas au-delà du connu, que les remises en question sont inexistantes, dans ces conditions, il est difficilement envisageable d'entrevoir une autre voie.

Regarder au-delà et ne pas se limiter à ce que nous avons appris, mais ouvrir nos sens à ce qui nous entoure. Nous avons tous des capacités insoupçonnables, apprendre à les développer est tout à notre avantage, oser sortir du cercle de confort ne peut être que bénéfique.

La majorité d'entre-nous ont complètement perdu le contact avec eux-mêmes et ne savent plus vraiment qui ils sont en dehors de toutes ces structures, ces valeurs établies, ce qui les retient, d'autant plus emprisonnés dans ce système d'engrenages et les poussent chaque jour à s'épuiser. Faisant les choses sans enthousiasme, des gestes automatiques, ne prenant plus conscience de leurs actes, la lumière est pour la plupart du temps éteinte, la joie disparue. L'homme s'éloigne de lui-même depuis déjà quelques années. Ne voulant rien entrevoir d'autre que ce qui lui est proposé et le vivant comme une fatalité, il a le choix d'accepter ou pas, et renferme au fond de lui la clef pour se libérer et dévoiler au monde sa présence unique.

La sécurité et le connu sont des cloisonnements, ceux-ci ne sont rien d'autre que la prison créée par des conditionnements, elles ne génèrent aucunes possibilités d'évolution. L'être humain vit dans sa propre cellule où tout est calculé, prédisposé, s'effaçant complètement et suivant pas à pas une vie d'esclave en passant totalement à côté de lui-même. Dans ce cas, comment pourrait-il laisser fleurir ce qu'il y a de plus beau en lui, cette chose qui fait qu'il est unique ? Restant dans ce système, il ne cherche pas à avancer, à croître, mais reste dans une illusion de sécurité, il s'enferme ainsi dans une routine de vie, sans savoir réellement ce qu'est VIVRE. Certains croient à ce qui a été instauré, que la vie se résume à travailler, dormir, consommer et repartir pour un tour, ne se permettant pas d'être eux-mêmes.

Se ressembler et faire plaisir à tout le monde a un coté très pervers car cela implique que l'on ne se respecte pas,... et que nous oublions qui nous sommes réellement.

Ne devrions-nous pas vivre avec ce qui est juste pour nous, penser par nous-mêmes et non ce que l'on nous a appris à penser ?

Quand nous sommes en accord avec nous-mêmes, la paix se fait ressentir, la joie et bonheur font partie de nous. On devient le créateur de notre vie, nous pouvons alors abandonner toute structure, toute peur, et être à l'écoute de son cœur.

Comment vivriez-vous si aujourd'hui était le dernier jour de votre vie ? Iriez-vous travailler ? Dédieriez-vous le temps à vos obligations,... ou vous feriez-vous plaisir ?

Apprenons à lâcher prise, vivre ce n'est ni s'obliger ni se forcer. Vivre doit être naturel, rien ne devrait être obligé. Lâchons prise sur les choses sans importance, cela serait un stress en moins, vivons chaque moment, exprimons nos sentiments, et autorisons-nous le bonheur. Ce sont des ingrédients qui devraient faire partie de nos vies.

Rester dans l'encrage de nos peurs nous paralyse, détruit nos capacités et nos souhaits. Dans ce cas, nous préférons rester à l'arrêt dans une situation confortable, plutôt que de bouger vers nos objectifs, nous préférons vivre une vie « acceptable » plutôt que d'aller de l'avant. Réaliser ses aspirations demande bien souvent que nous sortions de ce cercle confortable que nous avons instauré, et que nous osions sortir du concept de « sécurité ». A toujours chercher la sécurité, nous passons à coté de l'essentiel, vivre.

Nous avons été conditionnés à toujours entrevoir le pire, s'infligeant ainsi des peurs, car il faut savoir qu'un peuple terrifié est plus facilement contrôlable ; la société crée des peurs et nous offre *bien entendu* les solutions, ainsi elle met en application son devoir de répondre aux besoins de la collectivité. Elle nous offre avec fierté toute sa panoplie d'assurances. Alors messieurs, ne vous inquiétez pas, prenez l'assurance incendie afin de protéger vos biens, et surtout n'oubliez pas l'assurance vie sans quoi il est difficilement concevable de vivre ! La liste est dramatiquement longue. Enfin, n'oublions pas l'assurance décès, car même morts nous devons nous préoccuper.

Résultat ; l'homme est sans cesse sur ses gardes, avec des actes remplis de peurs, des pensées imaginant les pires scénarios. Faisons-nous si peu confiance à la vie et en nous-mêmes ? L'essentiel n'est-il pas d'être bien avec soi-même ? Pourquoi chercher désespérément notre bien-être en dehors ? Ne sommes-nous pas les seuls responsables de notre bien-être ? Pourquoi donc toutes ces mises en garde, ces précautions, pourquoi toutes ces assurances pour se sentir mieux, vont-elles réellement nous apporter une vie plus harmonieuse ?

« *Quand nous n'avons rien, nous n'avons rien à perdre* »

Petite phrase à méditer.

Au plus nous possédons et au plus de charges nous récoltons. Nous encombrons nos vies, et en payons les pots cassés. Le tableau de notre société parle de lui-même.

Plus de patience, plus le temps de s'arrêter, de respirer de regarder un paysage, de saluer son voisin, de serrer ses enfants dans ses bras. Préoccupation, intolérance, colère, nervosité, stress, abrutissement devant la télé, fuite dans l'alcool, drogues, médicaments, dépenses inutiles,... plus le temps d'être, tout simplement. Où sont passés l'amour, l'entraide, les rires et les joies ?

Il serait important de savoir ce à quoi nous aspirons réellement ; à savoir une vie remplie d'obligations, automatisations sans illusion,... ou alors apprendre à être conscients de ce que nous faisons, être libres et choisir sa direction, apprendre à s'écouter et ouvrir ses sens.

Certains d'entre-nous s'éteignent sans avoir appris à se connaître et à vivre. Trop occupés à remplir leurs obligations, à travailler, à suivre des normes, à alimenter la folie de notre société.

Comment l'homme en est il arrivé à accepter ces conditions, à se laisser diriger et commander par les structures qui l'entourent ? Comment l'homme en est- il arrivé à une déconnexion totale avec lui-même ?

Mon intention n'est pas de critiquer mais seulement inviter toute personne à se reconsidérer pour ce qu'elle est, un être unique ! Croire en elle, s'éprendre et ne plus se rabaisser à des structures. Chacun est responsable de sa vie et a le pouvoir de reprendre sa liberté.

A chacun de trouver ce qui est juste et bon pour lui, à trouver son équilibre. Il n'y a pas de structure à suivre, chacun peut être libre mais seul la personne peut décider, c'est à elle à reprendre les commandes de sa vie. A elle de donner un coup de pied dans les fausses normes et à reconstruire ses valeurs. L'amour de soi-même, des autres et de ce qui nous entoure constituent une bonne base.

Se recentrer sur soi-même, revoir son mode de fonctionnement, c'est mettre du sens dans ses gestes. Vivons avec amour, partage et joie, vivons avec ce que nous valorisons sans nous cacher derrière un système qui répond à notre place. Le manque de remises en question amène que d'autres pensent à notre place et imposent une structure qui est bien loin d'être adéquate aux besoins de chacun, ne considérant que leurs propres intérêts.

Se connaître intérieurement, sortir des structures établies, c'est aussi se rendre compte que nous ignorons bien des choses. Ayant pour habitude de respecter les normes établies, il reste à découvrir l'autre face de la monnaie. Seule une partie du monde nous a été enseignée, l'éducation est bien limitée, basée sur des concepts restreints qui permettent d'autant plus d'exercer un certain pouvoir sur chacun de nous qui a été initié à celle-ci.

Le rationnel et les sciences dures nous sont connues, la médecine comme seul moyen de « guérison », le travail comme seule alternative pour vivre, les fausses illusions (de consommation, les réponses inadéquates,...) Mais la réalité des choses est tout autre ; nous avons la capacité de nous soigner nous-mêmes, de dédier notre vie à d'autres choses qu'au travail. Seule chaque personne peut décider de sortir de cet alignement et dépasser tous ses principes établis. Osons nous laisser vivre, soyons à notre écoute, faisons-nous confiance, et confions en la vie. Savoir que nous sommes tous des êtres spirituels venus ici pour faire bien plus de choses que nous le faisons en ce moment, faire parler notre être et être en contact avec lui, sans cela notre venue ici n'aurait pas de sens. Il est primordial de s'écarter du mouvement de la majorité pour se retrouver, se connaître, et agir. Reconsidérons-nous en tant que personne à part entière, reprenons et trouvons notre place sur terre.

Plus de règles pour diriger, pour limiter, pour contrôler. Perdre l'habitude de vivre dans des rails tout faits, c'est aller vers d'autres directives de vie, c'est aller à la rencontre de soi-même.

Comprendre notre mode de fonctionnement :

le mental

Comme nous le savons et avons pu le constater précédemment, nous fonctionnons dans une société visuelle, matérialiste, où les préoccupations sont essentiellement liées à l'aspect physique, à la matière, à l'apparence. Nous avons su au fil des années évoluer matériellement, technologiquement, extérieurement. Mais qu'en est-il de notre évolution intérieure ? Je pense qu'il serait peut-être bon de s'intéresser à notre mode de fonctionnement, être attentif à nos pensées, à nos réactions,... cela permettrait de sortir de certaines programmations reçues, d'être libres de certaines fausses moralités, et pouvoir ainsi libérer son mental afin de retrouver un état pur.

A notre venue au monde, nous sommes nés libres de toutes croyances, mais avons été amenés au fil du temps à emmagasiner plusieurs valeurs, règles, principes,... Appelons ce lot de concept : la programmation. Cette programmation est constituée d'informations que nous avons reçues durant notre vie depuis notre plus tendre enfance (société, parents, éducateur, nous enseignant des normes, des schémas de vie à respecter pour faire partie de la société comme déjà évoqué plus haut). Ce lot d'informations est gravé dans notre cerveau et va nous faire réagir de manière conditionnée. Nous pensons à travers cette programmation, mais il faut savoir que malgré les apparences, nous avons le pouvoir de nous déprogrammer, et de nous reprogrammer.

La programmation que nous avons reçue est basée sur un principe de dualisation, de séparation où les croyances sont plus importantes que l'être humain lui-même, nous utilisons donc des jugements, des étiquettes, des préjugés comme le rejet de l'homosexualité, le racisme, la division des classes sociales,... pour tout stéréotype qui sort du conteste des normes de la société.

Elle est principalement centrée sur la suralimentation de l'ego ainsi que sur les différences individuelles, la rivalité collective,... le tout dominé par les peurs. Pour se libérer de cette programmation et donc se rendre plus libre d'être ce que nous sommes (penser par nous–mêmes), il est important de comprendre et observer cette programmation reçue comme une éducation qui s'est imposée comme une réalité à vivre. Comme nous l'avons vu précédemment, les conditionnements que nous avons reçus en guise d'héritage nous ont conduits à un modèle de pensée qui cherche à nous faire esclaves du travail, de la productivité, de la consommation, de suivre un parcours préétabli, et nous enfermer dans la souffrance (culpabilité de ne pas respecter les normes, peur d'en sortir,..). Il est possible de s'arracher de ces impasses en reprenant le pouvoir de notre mental, donc de nos pensées, car c'est bien ces dernières qui nous limitent et nous gardent enfermés dans nos conditionnements.

Se reconnecter, c'est pouvoir se libérer de toutes ces barrières auxquelles nous avons tendance à nous identifier, nous pouvons reprendre le contrôle de notre vie par l'auto-contrôle mental. **Le changement que nous avons à faire est purement intérieur**, il est dans l'erreur de croire que le monde doit changer, **la transformation à faire est un travail intérieur et individuel.**

Fonctionnant avec ce modèle de pensée aux caractéristiques duales, nous avons pour habitude de diviser le bien du mal, l'amour de la haine, le beau du laid, le correct de l'incorrect. Cette séparation est une erreur d'interprétation qui est la source de nos souffrances, nous faisant ainsi sentir incomplets, divisés, individualistes, et nous identifiant dans des idées préconçues. Ces idées nous ont été enseignées par d'autres êtres humains qui nous les ont inculquées comme vérités afin de pouvoir en tirer une certaine autorité.

Il est clair que plus nous vivons à travers notre mental (ce qui est le cas de la majorité), plus nous sommes conditionnés par celui-ci. Cette programmation exerce un pouvoir sur nous dû à notre inconscience. Nous pouvons cependant reprendre le pouvoir en étant tout simplement conscients et attentifs à notre façon de fonctionner.

Il est bon de constater que notre monde lui-même est rempli de dualité : l'homme et la femme, le jour et la nuit, le soleil et la pluie, l'ombre et la lumière, etc... Chaque élément possède son contraire. Ce dualisme est la base de toute existence, deux forces opposées mais qui se complètent. Avec seulement une force, rien ne peut exister, le positif ne peut aller sans le négatif, les deux sont liés et sont les deux faces d'une même pièce de monnaie. Les deux pôles sont complémentaires, il n y a pas de conflit entre le positif et le négatif. L'être humain va être amené à vivre ces extrêmes afin d'expérimenter des émotions.

Notre éducation en général (que cela soit l'enseignement ou la société) nous a appris à les percevoir comme deux extrêmes opposés, alors que les deux forment l'union. Pour cette raison l'être humain se sent séparé de lui-même. Il est possible que je me répète, mais il est important de comprendre ce fondement essentiel : que la dualité est en réalité union. Car ne pas le comprendre nous enferme dans la confusion et la souffrance. Il est primordial de se rendre compte que chaque élément opposé se complète ; le jour est le contraire de la nuit mais sont tout simplement complémentaires. L'homme et la femme sont également complémentaires car nous avons besoin de l'un comme de l'autre pour rendre possible la procréation. Nous ne pouvons supprimer les opposés car nous serions dans le déséquilibre. Tout ce qui existe dans ce monde suit ce même principe avec les mêmes caractéristiques.

Le problème et les conflits commencent par notre mental (pensées) qui interprète de façon erronée cette dualisation (due à notre programmation ou nos conditionnements culturels), cela entraîne une lutte interne dont nous sommes les propres créateurs.

Nous vivons donc avec un sentiment de séparation, ayant une interprétation incorrecte de la vie. Vivre inconsciemment, c'est vivre à travers cette programmation qui n'a pas d'autre sortie que la souffrance. Pouvoir mettre fin à cette souffrance et à cette programmation est simple, en apprenant à vivre de façon consciente dans le moment présent et en étant conscients (nous verrons tout ceci plus loin).

En quoi consiste réellement cette dualisation ?

Elle se fonde sur la division de deux principes qui sont en fait unis. La dualisation est un acte mental interne qui crée un déséquilibre illusoire qui nous fait souffrir de façon personnelle et nous fait entrer dans une dynamique de conflits intérieurs. Elle consiste à alimenter seulement une partie comme désirable et rejette l'autre comme indésirable ; c'est ainsi que nous désirons le bien (ce qui nous a été transmis comme étant bien), rejetant le mal (ce qui nous a été transmis comme mal).

En résumé, nous défendons ce que notre programmation désigne comme bien, contre ce que l'on nous a programmé comme mal, en voulant alimenter un et rejeter l'autre. Nous entrons dans une dynamique mentale où le processus s'inversera inexorablement, car les deux opposés ne peuvent être séparés.

Nous pouvons prendre l'exemple d'une batterie électrique où nous retrouvons ces deux pôles : positif et négatif. L'utilisation de ces deux pôles nous donne l'énergie nécessaire pour produire le mouvement du mécanisme. Avec un seul pôle, il serait impossible de le faire fonctionner.

Nous pouvons en déduire que l'un ne va pas sans l'autre, qu'ils forment une union. Seule notre interprétation (qui a été conditionnée) nous les fait diviser : le bien (positif), tout comme le mal (négatif) sont des forces énergétiques polaires ; les deux sont nécessaires pour se compléter. Suivre le principe du dualisme,... c'est à dire alimenter, désirer le bien tout en rejetant l'autre comme non désiré nous enferme dans notre propre prison mentale en lutte constante pour défendre ce que nous avons programmé comme bien (correct, moral,..) contre ce que nous avons programmé de mal (incorrect, immoral).

Cette dualisation se manifeste à travers de notre ressenti, de nos pensées et de nos actions. Elle nous a été transmise de générations en générations. Nous l'avons reçue comme héréditaire, gravée dans nos neurones, de notre cerveau, et vivant notre vie actuelle à travers celle-ci

Toutes nos idées, croyances, jugements, sont enracinés dans ce concept de séparation. Suivre cette dynamique, c'est vivre dans les lois, normes, et codes que la société a établi, rejetant ce que nous avons gravé comme mal,... et désirant désespérément ce que nous avons gravé comme bien. Autrement dit, choisir le bien (selon les lois, normes et codes programmés par la société) c'est rentrer dans l'alignement « correct », penser et se comporter selon ces normes instaurées restant ainsi encrés dans un système dirigé. Pareillement, rejeter le mal, c'est entrer dans un alignement incorrect et suivre les lois, normes et code établis par la société.

Cette programmation dualiste nous enlise dans l'esclavage. Nous percevons la réalité externe (le monde) à travers une interprétation interne (mentale). Nous avons donc une interprétation du monde liée à notre programmation. Comme la majorité du temps nous vivons à travers notre mental, nous sommes la plupart du temps enfermés dans ces conditionnements préétablis.

Nous voyons ici que notre forme de penser ou de voir les choses est conditionnée par notre mental qui est lui-même sous influence d'une programmation. Nos pensées prennent naissance dans notre mental où tout y est gravé, notre perception du monde est donc pour la plupart d'entre-nous dictée, préétablie.

Nous pouvons ainsi comprendre l'importante influence dont dispose notre mental sur notre vie.

Notre mental

Notre mental est composé d'informations auxquelles nous donnons le nom de connaissances. Ces connaissances prennent racine à travers les informations gravées dans notre cerveau, ce qui le stimule pour réagir d'une manière conditionnée. Comme nous avons pu le voir, notre mental a été au fur et à mesure modelé et conditionné. Il est composé de notre intelligence, mémoire, connaissances et pensée. Il est intéressant de savoir que nous pouvons utiliser le mental comme il nous sied le mieux. Nous pourrions en agissant de la sorte utiliser seulement les informations qui nous conviennent. Ceci n'enlève rien au fait que notre mental à reçu une programmation, mais nous avons le pouvoir de la changer, comme s'il s'agissait d'un disque dur.

Nous pouvons ainsi nous reprogrammer en notre faveur. Pour ce faire, il est nécessaire de comprendre et observer les schémas que nous avons reçus comme éducation et qui constituent notre vie quotidienne. En agissant de cette manière, nous pouvons nous libérer d'un modèle de pensées qui nous enferme dans des croyances, jugements,... et nous entraîne dans une perception limitée et fausse de ce qu'est la réalité.

Prenons un exemple. La société accorde une grande place au statut, de même cela a eu des répercussions sur notre éducation ; nous avons pour la plupart été encouragés, poussés ou influencés à étudier le plus possible pour obtenir un diplôme. Le chemin des études nous est indiqué comme la voie à suivre pour avoir sa place, être reconnus, *être quelqu'un*. Qu'est-ce que cela signifie ? Que celui qui décide de ne pas emprunter cette voie indiquée est inférieur, ou se sentira moins qu'un autre ? Cela pourrait être le cas, en effet, sauf si celui-ci change la programmation qu'il a reçu. En se reprogrammant librement, c'est-à-dire en transformant le contexte de départ : *avoir un diplôme = être quelqu'un, être reconnu* peut-être changé avec cette petite phrase : *quoi que je fasse, je me reconnais dans ce que je fais (diplôme ou pas).* En fonctionnant de cette manière, nous changerons notre perception des choses, et par la même occasion nous évitons de porter la culpabilité de ne pas être à l'image inculquée. Il n'y a réellement aucun chemin à suivre ni aucune vérité absolue, si ce n'est que sa propre vérité, car à chacun appartient son propre chemin.

Prenons un autre petit exemple : nous avons reçu pour la plupart une éducation qui nous a transmis certaines règles de bonne conduite comme celle par exemple *qu'il n'est pas concevable de manger avec ses mains* *(en présence d'invité ou pas)* ceci est condamné comme manque de respect, manque d'éducation, et étiqueté aussi comme manque d'hygiène. Mais est-ce pour cela que nous devrons juger les autres et baser notre réalité à travers ces principes reçus ? Car dans d'autres cultures, manger avec les mains est quelques chose d'absolument naturel et normal, pratiqué quotidiennement. Est-ce pour cela que ces individus sont sales, ou mal éduqués ? S'enfermer dans notre programmation limite notre perception et nous déforme bien souvent la réalité.

L'erreur est de nous identifier à ces pensées. Nous identifier avec notre mental nous met en position de conflit intérieur, ceci nous empêche d'être en paix. Toutes ces pensées nous font perdre le contact avec nous-mêmes, créant ainsi une fausse vision de soi, mais aussi de notre monde. Nous vivons donc séparés de notre être dans un mode de conflits intérieurs qui se reflète extérieurement. Nous identifier à notre mental, à nos pensées, c'est vivre à travers notre programmation (jugements, étiquette,...). Nous nous situons donc en dehors de la réalité, et par la même occasion nous nous sentons séparés de ce monde et des autres, aucune relation véritable ne peut se faire dans ces circonstances (car nous aurons bien souvent des jugements, des interprétations vis-à-vis des autres). Nous reconnecter, c'est nous libérer de l'esclavage que produisent toutes nos pensées. Sortir du mental, c'est sortir de cette programmation qui nous réduit à une fausse identité et nous empêche la connexion avec notre être.

Le mental doit être utilisé comme un outil à notre service, rien de plus, ce ne sont pas nos pensées qui doivent nous diriger. Pour la majorité d'entre nous, c'est le mental qui tient les rênes de nos vies, c'est lui qui nous possède, qui a le pouvoir et nous utilise, s'identifiant totalement à celui-ci. La réelle libération est possible à partir du moment où nous ne nous identifions plus avec le mental, mais observons attentivement nos pensées. Nous nous rapprochons ainsi de notre être pur. Le mental ne peut rien apprécier car il ne peut s'empêcher de tout cataloguer, juger. Nos pensées critiquent, comparent,… tout cela résulte de notre programmation reçue.

Observer ces pensées, c'est reprendre le pouvoir et constater que nous sommes en diffraction avec la réalité. Il est important de souligner cette diffraction car même si nous pensons, ressentons des choses dans le présent, les interprétations peuvent être conditionnées par notre programmation, par ce que nous avons vécu dans le passé ou ce que nous avons gravé. Notre point de vue est en diffraction avec la réalité d'aujourd'hui.

Exemple : si j'ai eu un accident de voiture à un endroit précis, à chaque fois que je vais passer en voiture devant cet endroit, il est fort probable que je fasse beaucoup plus attention ou ralentisse excessivement. Alors que cet événement n'est plus d'actualité, mes pensées et mon ressenti s'en souviennent, et modifie mon comportement devant un danger inexistant.

Prenons un autre exemple. Il y a quelques semaines, j'ai rencontré une copine d'un ami. Après quelques minutes de conversation, je détectai un comportement assez étrange de sa part, elle avait beaucoup de difficultés à mettre un mot devant l'autre, et la conversation se faisait compliquée. Je réalisai un peu plus tard que cette personne était sous influence de l'alcool. Aujourd'hui, à chaque fois que je suis amenée à la revoir, mes pensées ne peuvent s'empêcher de me rapatrier à cette conversation et de regarder cette femme d'un œil suspect. Je changeai donc involontairement ma position et me comportai moi aussi d'une façon suspecte. Sans le vouloir je me fis une idée de cette femme sur base d'une seule conversation où celle-ci n'était pas dans tous ses états.

L'individu s'accroche autant à ses pensées afin de s'identifier au travers de celles-ci. Il croit que sans ces pensées, il n'existe pas, et qu'il dépend donc de celles-ci pour se représenter, se formant ainsi une image de lui-même à travers sa programmation personnelle et culturelle.

Écouter nos pensées, être attentifs à celles-ci, observer tout ce qui nous vient en tête et être conscients nous permet de différencier notre perception avec nos influences passées ou gravées. En étant conscients de nos pensées, nous ne nous identifions plus à celles-ci, elles n'exercent donc plus de pouvoir sur nous. Passer au-delà de l'identification mentale, c'est se reconnecter à notre être, retournant à notre état pur, à qui nous sommes réellement.

Utiliser tout son potentiel

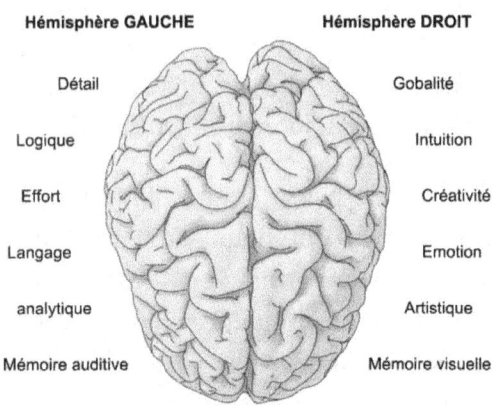

Hémisphère GAUCHE | Hémisphère DROIT

Détail — Gobalité
Logique — Intuition
Effort — Créativité
Langage — Emotion
analytique — Artistique
Mémoire auditive — Mémoire visuelle

Partie gauche :

Limitation – rigidité – ego-identité – matérialisme – masculine - logique rationnelle – rigueur – contrôle – savoir– angoisse – quantitatif.

Partie droite :

Sensation – flexibilité – spirituel – féminine – confiance – authenticité – humour – émotionnelle – imaginaire – qualitatif.

Utilisons-nous toutes les capacités que nous avons à notre disposition ?

Vivant constamment au travers de la programmation que nous avons reçue, nous avons perdu le contact avec nous-mêmes, avec notre être réel. Nous n'utilisons en général qu'une partie de notre cerveau, celle qui juge, critique, compare, analyse, délaissant l'autre partie, celle qui détient le pouvoir de nous ramener à nous-mêmes. La majorité d'entre-nous vivent sans cesse tournés vers l'extérieur, nous regardant dans des miroirs car nous avons besoin d'un reflet extérieur. Nous ne prenons pas vraiment le temps de regarder notre intérieur, alors qu'en agissant de la sorte, nous pourrions prendre contact directement avec notre être réel.

Notre peuple occidental utilise, la majeure partie du temps, la partie gauche de son cerveau, et un pourcentage minime utilise la partie droite. Nous restons donc coincés la plupart de notre temps dans des conditionnements limités, alors que nous sommes bien plus que cela ! Outre ces conditionnements, nous sommes créatifs, intuitifs, flexibles, spirituels, émotifs, nous pouvons voir et sentir bien des choses, nous avons tous des dons qui ne demandent qu'à être réveillés.

Le mental intuitif est un don sacré et le mental rationnel, un serviteur fidèle. Nous avons créé une société qui honore le serviteur et a oublié le don.

Albert Einstein

Il me semble que nous ne sommes pas venus sur terre pour gaspiller notre vie futilement en la remplissant de choses matérielles, pour dépenser de l'énergie à embellir les choses extérieures, mais bien à embellir notre intérieur. Je crois que nous ne sommes pas venus pour gagner notre pain quotidien mais bien pour évoluer et nous épanouir.

Apprendre à utiliser les deux parties de notre cerveau d'une façon équilibrée peut nous amener à retrouver notre réelle identité. Il serait bon de faire travailler la partie droite de notre cerveau au même niveau que celle de gauche, car celle-ci à la capacité de nous connecter à notre être. Elle ne possède aucun conditionnement et est connectée directement au ressenti, à la spontanéité, à l'intuition, à des sources pures qui vivent au plus profond de nous.

En utilisant l'entièreté de notre cerveau, nous sommes capables de faire des choses incroyables, tout est à notre portée. Malheureusement, notre éducation ne nous a pas appris à utiliser les deux parties en même temps, favorisant la gauche au détriment de la droite. On nous a enseigné la tranquillité, la rigidité, l'étude, l'analyse, le jugement, le refoulement de nos sentiments (*ne pleure pas, ce n'est pas beau*), le banni de la colère (qui pourtant est un sentiment naturel). Mais qui nous a appris la spontanéité, la flexibilité, l'expression de nos ressentis, la créativité ? Heureusement, on en vient petit à petit à étendre les enseignements qui considèrent l'importance de l'expression, la créativité, le jeu, comme c'est le cas des écoles *Waldorf*.

Comment développer sa partie de droite ?

Pour avoir accès à la partie droite de notre cerveau, nous avons certaines attitudes à adopter. Ne plus nous laisser dominer par nos conditionnements (partie de gauche), mais avoir le pouvoir sur celle-ci et ainsi pouvoir laisser libre connexion à notre cœur, à notre intuition. Sans reprendre le pouvoir, il est difficile d'arriver à prendre contact avec l'autre partie, car nous allons toujours être limités, conditionnés, et cela peut nous freiner grandement

Nous ne pouvons avoir accès à cette partie que dans la conscience. La partie droite de notre cerveau se vit intégralement dans la conscience, alors que celle de gauche est plutôt inconsciente. Ceci explique pourquoi l'être humain est la plupart du temps inconscient (se situant entre le passé et le futur), vivant la majorité du temps dans ses programmations en connexion avec l'hémisphère gauche de son cerveau. Au contraire, la connexion avec l'hémisphère droit ne peut se faire qu'en état de conscience, dans le moment présent. Cela va demander du travail sur soi-même, celui d'apprendre à être attentif à ses réactions, ses attitudes, mais également demander une phase de purification et de perte de l'ego, car les jugements, les étiquettes, les opinions n'hésitent plus. Chacun est amené à revenir à soi-même, à s'écouter au plus profond, là où la programmation n'intervient plus .

La méditation est un très bon moyen pour éveiller la partie droite. Être dans un état de relaxation, de conscience, nous permettra l'accès à cette partie du cerveau que nous avons si peu exploré.

Être conscient et prendre contact avec cette partie de nous, nous fait voir, ressentir, penser et vivre le monde de façon totalement différente. Nos perceptions se transforment de façon surprenante. Nous n'avons plus d'influence sur notre façon de voir les choses, nous les voyons et les percevons à travers le cœur. Les jugements n'ont plus de raison d'être, mais nous prenons les choses telles qu'elles viennent. Nous avons le choix de ne plus vivre en automate la programmation que nous avons reçue, en reprenant le contrôle grâce à un comportement conscient. Ceci demande une attention quotidienne. Apprendre à ne plus voir les choses par l'intellect mais par la sensibilité, explorer nos sens, oser ressentir.

Les erreurs de notre programmation

J'ai déjà mentionné furtivement ces trois erreurs dans le chapitre précédent, et au risque de me répéter j'aimerais les expliquer plus en profondeur, car il me semble que celles-ci ont toutes leur importance.

L'identification

S'identifier, que cela soit à nos pensées ou à d'autres choses (possessions, statut,...), peut nous empêcher d'évoluer, et nous éloigne de notre véritable identité. Nous comparer à celles-ci nous enferme dans l'incompréhension, le conflit, et nous éloigne de notre être. Nous avons tous vécu des expériences au cours de notre vie, nous avons tous reçu une éducation, nous avons tous emmagasiné des croyances, des idées par rapport à notre vécu, nous avons tous vécu des souffrances et des moments de bonheur (un passé). Pour la plupart, nous avons également des objectifs, des projets, des possessions telles qu'une voiture, une maison ou encore un travail, un prénom, des papiers d'identité,... Nous croyons que tout ceci nous représente et nous donne une identité à laquelle nous nous authentifions depuis des années. Nous croyons que tout ceci fait partie de nous, que ceci nous constitue, nous nous exprimons donc fidèlement à travers ces intermédiaires.

Tout ce lot de représentation n'est en réalité qu'une enveloppe (la pointe de l'iceberg) et en nous identifiant à travers celle-ci nous avons oublié notre véritable être. Nous passons pourtant notre vie à renforcer chaque jour cette enveloppe, en nous identifiant à de nouvelles possessions, idées, croyances, changements physiques, valorisant d'avantage cette enveloppe qui nous « constitue ».

Lors d'interactions avec d'autres personnes, c'est grâce à celles-ci que nous allons nous la définir. Si nous faisons par exemple la connaissance de quelqu'un, nous nous présentons déjà par notre prénom, la majorité d'entre nous vont instinctivement parler de leur profession, de leur lieu de résidence, éventuellement de leurs expériences,...

A force de s'identifier à cette enveloppe, le contenu tend à se faire inexistant. L'essentiel, le plus important, tombe dans l'oubli. Portant autant d'intérêt à cette enveloppe extérieure, nous ne prenons même pas la peine de découvrir l'intérieur. Nous restons à la surface, celle que nous avons constituée, et nous ne prenons pas la peine de voir ce qui se cache derrière. S'intéresser, explorer l'intérieur, c'est découvrir le contenu de cette enveloppe. Pour ce faire il est nécessaire d'enlever toutes les couches (possessions, statut, souvenir,...), ce nettoyage nous permettra de rentrer en contact avec notre véritable être qui à été enseveli et possiblement identifié à tort.

Sans prendre la peine d'enlever ces couches, ces étiquettes (statut, culture,...), nous ne pouvons être réellement en contact avec la vérité de notre être, l'oubliant et le délaissant pour ne s'intéresser qu'à son enveloppe qui représente l'identité sur laquelle nous nous sommes construits. Pour avoir perdu le contact avec ce contenu, avec notre être intérieur, nous souffrons.

Si nous prenons conscience de notre fausse identification et apprenons à ne plus nous identifier avec nos sentiments, nos possessions à travers notre ego, notre être se révèle. Lorsque notre illusion d'identité n'a plus de pouvoir, nous découvrons la présence de notre être.

Lors de notre mort, nous quittons cette enveloppe et toutes ces charges que nous avons emmagasinées, notre réelle identité se révèle. Si nous avons dédié notre vie entière à cette enveloppe, à l'embellir ou à lui porter de l'importance en nous y identifiant, nous prendrons conscience à ce moment là que nous avons consacré trop de temps à des choses futiles et superficielles, que nous avons passé notre vie à coté de nous–mêmes au lieu de nous connaître et de vivre avec ce que nous sommes réellement .

Ne serait-il pas mieux d'en avoir conscience avant ?

Il serait peut-être bon dans un premier temps d'apprendre à se détacher des choses matérielles, de lâcher prise sur ce que nous possédons. Apprenons à ne plus vivre en nous identifiant à travers nos croyances, nos peurs, nos projections, nos désirs, mais essayons de rester dans le moment présent et de nous connaître intérieurement. Délaissons ces carapaces et voyons à l'intérieur ce qui s'y cache vraiment.

C'est lorsque que l'enveloppe est ouverte qu'il ne reste que l'être. Nier notre véritable nature nous entraîne dans des conflits, des préjugés, la souffrance, voulant défendre ce que nous pensons être, nous accrochant à ce que nous possédons.

Notre mental a un très fort encrage sur nous, celui-ci cherche à prendre le contrôle. Notre programmation a créé notre être auquel nous nous identifions sans cesse. Si nous sortons de cette programmation, nous détruisons par la même occasion notre identité. Si nous refusons de détruire cette identité, nous nous y accrochons désespérément, et pour cette raison nous laissons à tort le mental prendre le dessus sur nous, nous entraînant sans cesse dans ces délires. Alors que si nous reprenons le contrôle et sortons de cette fausse identité, il ne restera que l'être pur que nous sommes.

Ce travail demande évidemment beaucoup de persévérance car nous avons basé notre vie à travers cette identification et croyons que sans celle-ci nous n'existons pas. Le mental s'accroche de toute ses forces pour sa survie. Pour notre part, nous avons tendance à nous accrocher de toutes nos forces aux choses matérielles. Seuls les états de conscience et d'observation pourront faire la distinction. S'identifier à tort nous fait vivre constamment dans la peur, peur de perdre ce que nous possédons, notre statut, peur de perdre les gens que nous aimons comme si ceux-ci nous appartenaient également. Ces erreurs d'identification nous font vivre constamment sur nos gardes, cherchant sans arrêt la sécurité et restant figés. La sécurité nous enlève l'essence de notre vie, *la liberté*. La liberté d'être ce que nous sommes, le mystère de la vie, nous voulons tout calculer, tout penser, ne laissant plus le flux naturel de la vie agir.

Certains s'identifient tellement à ce qu'ils possèdent, au physique ou à leur profession, qu'une fois qu'ils perdent une de ces choses, ils se sentent totalement démunis, ils perdent leur face, tombant dans la déprime. Pourtant tout ceci ne sont que des moyens à notre disposition pour vivre sur terre. Avons-nous oublié que nous sommes un petit être d'amour et de lumière ?

L'équilibre

Notre bien être, pourrait se résumer avec ce petit mot et pourtant combien important, ne dit-on pas que le mal-être et les maladies sont sources de déséquilibre ? Il serait donc important de reconsidérer l'interprétation que nous avons de l'équilibre. La programmation que nous avons reçue, comme nous l'avons vu dans le premier chapitre, nous à inculqué la séparation, la division des concepts opposés alors que nous savons que ces concepts forment une union, qu'une composante ne va pas sans l'autre (le bonheur et la tristesse sont les deux faces d'une même monnaie, tout comme l'amour et la haine, le bien et le mal, le beau et le laid,…).

Qu'en est t-il de notre bien-être, vivant entre ces deux opposés ?

Comment vivre de forme équilibrée ?

Trouver son équilibre ne se résume pas à choisir ce qui nous intéresse, ce qui nous fait du bien ou nous plaît, et rejeter le reste, car en agissant de la sorte, nous entrons dans l'erreur. Nous pouvons par exemple décider d'aller vivre au soleil car celui-ci ferait notre bonheur, mais que se passera-t-il alors les jours de pluie ? Serons-nous malheureux ? Nous pouvons décider pour des raisons éthiques (ou pour nous sentir mieux) de devenir végétarien et ne plus manger de viande. J'ai moi-même décidé d'adopter ce type d'alimentation et je peux vous prouver que sans inclure aucun type de protéine animale, le corps garde difficilement son équilibre. Nous pouvons arrêter totalement de manger du sucré pour perdre quelques kilos, mais que se passera-t-il une fois que nous aurons une bonne tablette de chocolat devant nous ? Il y a de fortes chances que nous la mangions démesurément (pour l'avoir rejetée auparavant). J'ai aussi opté pour une vie simple, dans le souci de vivre plus en accord avec mes valeurs et en contact avec la nature. J'ai tellement voulu la simplifier qu'il en devenait difficile de vivre décemment. Je voulais abandonner totalement la voiture et me mettre au vélo, mais je dois vous préciser que je vis assez loin d'un village « civilisé ». Ce détail est vite devenu problématique pour les courses, bouteilles de gaz, etc… J'ai donc appris à ne plus rejeter la voiture, mais à l'utiliser dans le besoin. Il n'y a rien à balancer quand on adopte un juste équilibre. Un verre de vin rouge est très bon, mais sans en abuser, le chocolat noir est excellent, sans excès,…

Tout ce qui est bon peut devenir vite nocif ou douteux si nous passons à l'excès. Nous sommes pourtant entourés d'opposés et donc amenés à trouver ce juste milieu. L'équilibre ne consiste pas à ne garder que ce qui nous convient (de façon démesurée) et expulser le reste (d'une façon démesurée aussi). L'équilibre, comme le mot l'indique, est de vivre avec les deux pôles, les accepter sans les pousser à l'extrême, savoir prendre le bon comme le mauvais. Toute notre vie, nous serons amenés à expérimenter des opposés, comme nous l'avons vu, notre mode est en éternel dualisation, tout possède son contraire, trouver son équilibre, c'est apprendre à naviguer entre ces deux pôles.

Cela signifie qu'il est impossible de ne garder que le bon au détriment du moins bon, car les deux font partie du chemin. Le tout dépend donc de notre habileté à vivre avec les deux. Dans chaque décision que nous prenons, il y aura du bon et du moins bon, il faut savoir que si nous perdons les mauvaises choses, nous perdons aussi les bonnes. Le contraire est également valable, si nous perdons les bonnes choses, les mauvaises aussi. Par exemple, si nous aimons une personne (comme tout être humain qui a ses qualités et défauts) il est impossible de la diviser. Si nous voulons partager ses bons cotés, il faudra accepter ses mauvais. Si nous ne pouvons accepter ses défauts, il faudra accepter de perdre également les qualités que nous aimons.

Si par exemple j'ai un boulot que je n'apprécie pas mais qui est confortable car il se trouve à seulement vingt minutes de chez moi et que je m'entends bien avec mes collègues, le fait de prendre la décision de changer pour un autre qui me plaît mieux, il faudra probablement que j'assume que celui-ci puisse se trouver plus loin et de travailler avec de nouvelles personnes qui ne seront pas forcément aussi chouettes que dans mon précédent travail.

L'individu n'est en général jamais satisfait car il veut que tout soit parfait, alors comme dit et répété, il est impossible d'avoir un coté sans l'autre, cela fait partie de la nature des choses, nous ne pouvons l'éviter. Nous avons droit à des jours de soleil et de pluie, à la lumière et à l'ombre, à la joie et à la tristesse, travailler et se reposer, rire et pleurer. Trouver son équilibre dépendra de notre façon de vivre ces changements, en essayant de ne pas se laisser déséquilibrer par un pôle plutôt que par l'autre.

Le déséquilibre, le conflit apparaît lorsque nous catégorisons, séparons ce qui est bien ou mal, ne voulant que certaines choses et rejetant les autres. Lorsque nous choisissons ce qui est bon pour nous et passons notre temps à lutter pour nos oppositions, nous rejetons donc une partie, alors qu'il est impossible de ne garder que le « bon », l'un ne va pas sans l'autre.

Il faut tout simplement apprendre à vivre, avec le tout, sans vouloir y mettre une étiquette, car en agissant de la sorte, nous restons coincés dans notre système mental, dualiste, à vouloir certaines choses mais repoussant les autres. En réalité, tout sert à notre évolution mais aussi à apprécier les choses ; pourrions-nous apprécier la lumière sans ombre, le soleil sans pluie ? Après quatre jours de pluie, nous serons contents de voir le soleil arriver. Après trois semaines de soleil, nous serons contents d'avoir un peu de pluie, non ? De même, pourrions-nous réellement apprécier les jours de joie si nous ne connaissions pas la tristesse ?

Notre équilibre va dépendre également de la gestion et de l'utilisation adéquate de nos pensées, nos ressentis et nos actions. Le déséquilibre apparaît quand nous sommes en train de penser au lieu de ressentir, quand nous pensons au lieu d'agir. Nous avons pour la majorité d'entre nous tendance à mettre la pensée en premier plan. Il est impossible de profiter, de vivre, ressentir le moment présent si nous pensons à demain, il est impossible de ressentir en faisant l'amour si nous pensons à ce que nous allons préparer pour le dîner. Il est tout simplement impossible de vivre bien et en paix si nous sommes sans arrêt dans nos pensées, alors qu'il s'agit juste de vivre et se laisser aller à **ressentir**. La société nous incite amplement à l'excitation mentale, ne nous laissant plus le temps de vivre le moment présent.

De cette manière, comment pouvons-nous espérer vivre en harmonie et de façon équilibrée si nous sommes dans nos pensées au lieu de ressentir, vivant constamment séparés de notre être qui ne peut vivre que dans le présent. Vivre n'est-il pas ressentir ? Nous pouvons nous poser la question. Quels sont les moments où nous nous sommes vraiment sentis vivants ? Il serait rare que cela soit en pensant, car ceci est plutôt un obstacle qui nous empêche de vivre.

Nous pourrions cependant nous remémorer ce que nous avons ressenti à certains moments de notre existence ; nous allons peut-être nous souvenir de notre émotion lorsque notre mari nous a fait la surprise d'un dîner aux chandelles, alors que nous ne nous y attendions pas, d'une soirée magique au clair de lune, de notre premier saut en parachute, bref de chaque moment que nous avons ressenti intensément. Il serait donc primordial de remettre un certain équilibre dans notre façon de ressentir, penser et agir.

Utiliser notre pensée quand nous avons un projet à mettre en route, le reste du temps laissons-nous vivre et lâchons prise. Agissons quand il est nécessaire de passer à l'action et ne disproportionnons plus notre activité mentale, vivant ainsi à coté de notre vie. Le ressenti, notre corps, nos sens sont tous les atouts que nous possédons pour nous ramener à la vie au moment présent. Vivre est aujourd'hui, pas demain ni hier, nous sommes vivants seulement dans le moment présent. Alors la solution ne serait–elle pas de **vivre ?** Penser seulement quand nous devons penser, et passer à l'action quand le moment est venu d'agir.

La responsabilité

Faire un retour à soi-même, c'est également prendre en compte que nous sommes responsables de nos douleurs, souffrances et de nos maladies. Que le monde est à notre image et que nous avons tous une responsabilité face au monde dans lequel nous vivons. La société est le reflet de notre intérieur, seule notre évolution intérieure peut changer la société et non le contraire. Nous faisons chaque jour le monde par nos attitudes.

L'erreur à toujours été de faire croire à l'individu qu'il avait la possibilité de changer les circonstances extérieures alors que tout changement doit se faire intérieurement, ce sentiment illusoire de « pouvoir » sur les circonstances est la base de nos souffrances. Vivre la vie avec l'illusion que nous pouvons diriger les circonstances extérieures, imposant notre volonté, est la source de nos conflits. Nous sommes responsables de nos joies ou tristesses, et de ce que nous ressentons. L'extérieur peut influencer, mais toujours est-il que nous restons les seuls gestionnaires de notre ressenti. Certains ont toujours le sourire malgré leurs conditions de vie, alors que d'autres ont en apparence tout pour être heureux mais ne font que se plaindre à longueur de journée. Pourquoi, quand un virus comme celui de la grippe est dans l'air, seuls certains membres d'une même famille vont l'attraper tandis que d'autres ne seront absolument pas affectés ? L'extérieur, les circonstances ne sont pas responsables, ni de notre bonheur, ni de notre santé, mais bien ce que nous vivons avec nous-mêmes intérieurement à ce moment donné.

Il faut donc accepter que nous sommes entièrement responsables de notre mal-être, de nos souffrances, et pour autant de notre bonheur. Le monde ne peut nous rendre heureux ou malheureux, il n'est en aucun cas responsable, car personne d'autre que nous ou aucune circonstance ne peut l'être. Tout va dépendre de notre vie intérieure de nos attitudes devant les faits.

Responsabiliser l'environnement ou les autres de nos maux est la plus grande absurdité que nous pouvons commettre, niant tout simplement la vérité. La responsabilité de ce que nous ressentons, nous pouvons à tort mettre la faute sur notre mari ou femme, notre patron, la boulangère du coin, nous plaindre de notre situation financière, du chien du voisin, mais la vérité restera la même, nous sommes les seuls responsables de notre ressenti. Il est cependant beaucoup plus facile de mettre la faute sur l'extérieur et ainsi nous nous épargnons cette dure responsabilité. Cette fausse approche nous positionne en victime et nous procure un sentiment de frustration. Il faut prendre en considération que nous n'avons aucun contrôle externe, mais en revanche possédons tout le contrôle interne. La vie suit son cours comme elle doit le faire, laissant libre cours aux différentes situations et nous sommes libres, responsables et choisissons notre forme de réagir intérieurement. Nous n'avons pas de pouvoir sur les influences extérieures mais par contre détenons le pouvoir sur nos réactions intérieures, à savoir la résistance ou l'acceptation. C'est notre vécu intérieur qui fait la perception que nous avons de ce monde, et c'est pour cela que nous pouvons être un jour joyeux et voir le monde sous ses bons jours, tandis que le lendemain, le voir comme un enfer et percevoir la vie comme une dure lutte. Le monde n'a pas changé en un jour mais c'est bien notre perception (notre vécu intérieur) qui en est responsable. Nous créons notre réalité, notre propre perception du monde.

La vie est parfaite telle qu'elle est, tout est à notre disposition, il suffit d'aller dans son sens, et non à contre courant. Notre attitude face à la vie à une importance primordiale, l'acceptation est une vertu à ne pas négliger et indispensable au cours de notre vécu, autant notre bonheur que notre malheur en dépend.

Nos principales souffrances viennent de nos résistances face aux circonstances que la vie met sur notre route. La vie est constituée d'expériences avec des va-et-viens, rien ne reste statique, tout est en constant mouvement. Nous pouvons gagner un jour et perdre un autre jour, nous pouvons avoir un travail un jour et le perdre par la suite, nous pouvons rencontrer une personne qui nous plaît, partager notre vie avec cette personne et un beau jour nous séparer et ne plus rien savoir de celle-ci. Nous pouvons avoir une belle voiture, et du jour au lendemain l'accidenter.

Toute la différence réside dans notre <u>attitude</u>, elle représente notre outil psychologique qui nous permet de changer notre perception et nous amène à un état conscient. La libération se trouve dans ces attitudes, notre perception du monde en est conditionnée. Nous pouvons continuer à nous abrutir devant certains programmes de télévision ou décider de sélectionner seulement ceux qui nous conviennent. Nous pouvons nous plaindre du monde en attendant que des politiciens cherchent des réponses aux problèmes, ou nous responsabiliser et entrer en action, nous pouvons rester désespérés devant le chômage en nous disant que le marché du travail est catastrophique,... ou alors commencer à chercher du travail.

Notre attitude fait toute la différence, le monde, lui, fonctionne correctement. Mais notre perception, notre responsabilité, sont un travail d'évolution. Seule notre approche vers notre intérieur devrait être changée. La vie est simple, elle ne possède aucune complication, mais nous nous chargeons généralement de la compliquer. Elle nous offre une série de circonstances avec tout le naturel qui soit, mais nous nous occupons de tout prendre au sérieux et de nous rebuter.

L'attitude que nous adoptons nous apportera soit tranquillité, soit souffrance, mais les circonstances, elles, ne varieront pas pour autant, elles resteront fidèles à elles-mêmes. Nos réactions face à ces circonstances naturelles viennent des informations, de nos conditionnements (croyances, préjugés,...), que nous avons emmagasinés par notre programmation. Ces conditionnements se situent la plupart du temps hors du temps (passé-futur), nous sommes souvent en distraction par rapport à la réalité elle-même.

En restant dans un système de pensée inadéquat nous provoquons notre propre souffrance, **car l'important n'est pas ce qui succède en dehors, mais bien ce que nous sommes en train de vivre intérieurement**.

La petite histoire de Marc et Louis nous démontre qu'une même circonstance qui arrive en même temps à deux personnes différentes n'a pas la même répercussion selon l'attitude qu'ils vont adopter.

Marc et Louis travaillaient tous deux dans une entreprise de construction. Par déflation de la demande, l'entreprise se dût de procéder à des licenciements. Marc et Louis se retrouvèrent dans la liste des limogés. Après avoir reçu la triste nouvelle, j'ai eu personnellement l'opportunité de rencontrer les deux licenciés. J'ai d'abord vu Marc dans un état d'effondrement, de préoccupations et de peur, il redoutait ses jours prochains et n'osait même pas rentrer chez lui, peur d'affronter sa femme et de lui annoncer la nouvelle, le coup lui était insupportable. J'essayai de relativiser les événements avec lui afin de lui montrer une perception différente, mais son attitude restait figée dans le négatif.

Par la suite, j'ai rencontré Louis qui lui avait une attitude bien différente. Il me disait que si cela devait être ainsi, qu'il en soit ainsi. Un peu de vacances lui feraient du bien, et que quoi qu'il en soit, il retrouverait du travail sans trop de problèmes, qu'un nouveau travail serait l'occasion de faire de nouvelles connaissances et de changer un peu la routine. Je questionnai ce dernier de manière différente, l'interrogeant sur son avenir et sur les peurs qu'il pourrait éventuellement avoir.

Son attitude et ses réponses sont restées très posées et positives, me disant *chaque chose en son temps, que premièrement, il méritait bien quelques jours de repos et puis qu'il verrait pour la suite.* Je me souviens avoir passé un bon moment avec lui !

Ce petit exemple pour démontrer à quel point l'attitude que l'on adopte influence notre qualité de vie. Notre responsabilité face à notre ressenti est la base d'une vie épanouie, un changement dans nos attitudes peut nous changer la donne. Je le répète, tout dépend de notre intérieur, c'est lui qui va conditionner notre vie et non pas les circonstances. Tout dépend des attitudes que nous adoptons, la qualité de notre vie ira mieux ou pire. L'erreur de notre programmation est de nous avoir appris que les circonstances de la vie vont nous apporter du bonheur ou de la souffrance, et donc notre qualité de vie dépend intégralement de ces circonstances, nous apportant de la chance ou de la malchance, et ainsi nous refusons de nous responsabiliser face à notre vie, car il peut être plus facile de mettre la faute de son malheur sur son environnement,...

Les circonstances n'ont en fait aucune espèce d'importance réelle, mais bien nos attitudes, notre façon de nous comporter, de penser face aux expériences de la vie qui se présentent sur notre chemin.

Les circonstances ne sont ni bonnes ni mauvaises, ni mal ni bien, elles suivent le cours des choses. Le problème commence à partir du moment où nous passons notre temps à juger, critiquer ces mouvements, nous mettant dans une position de non acceptation face au cours naturel des choses.

Nous pouvons remarquer que nous adoptons cette attitude de non acceptation face à la mort, alors que si nous l'acceptons telle qu'elle est, cela pourrait nous permettre de la vivre en paix et en toute tranquillité. Toute l'énergie que nous mettons à refuser les choses telles qu'elles sont, nous provoque de la souffrance. Nous nous attachons aux choses, aux personnes, ne laissant pas la vie suivre son cours. Rien n'est permanent, tout est en constante évolution, tout ce que nous avons acheté un jour se dégradera et prendra fin. Chaque être humain change continuellement, notre corps se transforme, nos cellules se renouvellent. Les transformations planétaires sont constantes, la vie est un éternel changement, ne pas accueillir et accepter ses changements, c'est bloquer le flux naturel des choses, c'est ne pas laisser circuler les énergies. Hors, nous voulons par nos conditionnements rester en permanence dans des circonstances « agréables » connues. A vouloir être à contre courant et tenter de garder cette permanence, nous nous affectons physiquement et moralement, ainsi notre vie elle-même devient une lutte.

Nous pouvons nous compliquer ou nous faciliter la vie. Toutes nos pensées, sentiments et comportements représentent nos attitudes. Nous pouvons faire une affaire d'état devant les expériences que nous sommes amenés à vivre, ou avoir une attitude en adéquation avec la situation. Il est un leurre de croire que nous pouvons changer les choses que nous n'aimons pas à un niveau extérieur, car tout changement doit se faire au niveau intérieur. Nos pensées, sentiments, et comportements prennent leurs racines dans notre intérieur.

Que signifie avoir une attitude adéquate ?

Dans un premier temps, Il s'agirait principalement de **sortir de notre programmation, nos conditionnements,** qui comme nous l'avons vu plus haut nous ont fait croire que le changement venait de l'extérieur, alors qu'il vient de notre intérieur. Par la suite, nous responsabiliser. Enfin, pour pouvoir sortir de cette programmation et de notre comportement dualiste (de juger et critiquer les situations), il est primordial d'être *conscients,* c'est à dire vivre le moment, sans cela il est impossible de changer. En fonctionnant de forme automatique, donc inconsciente, nous agirons toujours à travers nos schémas, alors qu'en agissant de manière consciente nous pouvons nous rendre compte de nos réactions. En étant conscients, nous sommes directement amenés à percevoir les conflits intérieurs, à avoir un autre point de vue que celui qui nous a été programmé et qui nous vient de façon automatique.

Apprenons à essayer de sortir des conditionnements qui nous font séparer le bien du mal. Prenons le temps de nous remettre en question et laissons de côté l'idée de bien ou de mal. De cette manière, autant le bien que le mal perdent leurs charges morales et se convertissent en deux aspects. Nous pourrions donc utiliser l'acceptation, qui n'est autre que comprendre que la vie nous apporte autant de moments qui nous semblent « agréables », mais aussi des moments « désagréables ». Quand nous sortons de la dynamique de cataloguer, nous sortons de la dualisation et cela nous permet d'accepter les choses telles qu'elles sont. L'important est de rester centré sur soi-même, d'observer ce que nous ressentons, et d'arrêter de perdre son temps à juger les autres ou le monde, mais regarder son intérieur et se connaître.

Comprendre les choses, c'est les accepter. Il faut bien distinguer acceptation et résignation qui sont deux concepts différents ; l'acceptation vient de la compréhension, c'est un lâché prise sur les événements. L'acceptation a le pouvoir d'annuler les problèmes et de nous tranquilliser, nous n'avons jamais accordé d'importance au pouvoir de l'acceptation car nous l'avons souvent confondu à tort avec résignation, alors que la résignation, comme le nom l'indique, à une connotation négative. Se résigner est plutôt une forme de pessimisme, supporter les choses telles quelles sont sans les accepter.

Accepter n'est pas se résigner. L'acceptation ne changera les circonstances, mais notre perception des choses, elle nous apportera une paix intérieure. La résignation est plutôt source d'espérance, d'incompréhension, d'insatisfaction, de négativité.

Apprendre à faire confiance à la vie, que chaque chose qui passe n'est pas le fruit du hasard, la vie mettra à notre portée ce dont nous avons besoin, si ce n'est pas le cas, c'est que cela doit en être ainsi, il ne sert à rien de se rebuter devant les circonstances. Rester conscients que nous sommes tous responsables de notre bien-être ou mal-être, de notre bonheur ou malheur. Chercher des coupables, c'est se leurrer et se mentir à soi-même.

Aucune chose, aucune situation, aucune personne ne peut nous rendre heureux, car cela dépend entièrement de nous-mêmes. Pensons à toutes ces choses que nous avons désirées posséder, la maison, la voiture,... lors de l'obtention, combien de temps le plaisir a-t-il duré ? Pensons au poste que nous voulions décrocher, l'augmentation du salaire que nous souhaitions, les vacances dont nous rêvions !

« J'ai eu le poste que je désirais, mais tu sais, il faut que j'aille travailler plus loin que prévu, et les horaires sont insupportables. Je pensais avoir rencontré le partenaire idéal mais je me suis aperçue que celui-ci était alcoolique et fumait la pipe. Les vacances au Bahamas se sont bien passées, mais tu sais, la nourriture était vraiment déplorable, franchement, nous en sommes revenus dégoûtés, nous avons évidemment déposé plainte à l'hôtel, et bla bla bla ».

La plupart des individus sont mécontents pour la seule et bonne raison qu'ils sont insatisfaits avec eux-mêmes, et cherchant des solutions extérieures, inutile de dire qu'ils peuvent passer toute leur vie à creuser s'ils ne reviennent pas à la source du vrai problème.

Nous avons tous le choix et sommes responsables de notre vie. L'homme se définit par ses actions, par ses choix. Le choix est le chemin de notre responsabilité, choisir c'est être libre. Non seulement nous détenons le choix individuel, mais aussi celui de la responsabilité de l'humanité. Nos choix influencent, que nous en ayons conscience ou non, l'humanité. Si par exemple je choisis de regarder tout les jours une stupide série à la télévision, j'encourage indirectement par mon action la diffusion de celle-ci (après devrais-je me plaindre qu'il n'y a pas de programmes intéressants). Si je choisis d'aller vivre à la campagne, il se peut que des connaissances ou amis optent également pour ce choix, m'ayant vue heureuse et que l'on pouvait y vivre bien. Nous avons tous notre part de responsabilité devant le fonctionnement de notre société. L'homme en bonne santé et heureux va vouloir avoir un monde à son image alors que si nous regardons le reflet de notre monde, cela nous donne une idée de comment l'homme est intérieurement, déséquilibré et souffrant.

Chaque être humain est libre, mais la liberté fait peur à la plupart d'entre-nous. Pour ce faire, l'homme nie sa liberté. Il peut ainsi utiliser des excuses en toutes circonstances : *j'aimerais moi aussi faire le tour du monde, mais bon, je ne peux pas voyager car j'ai des enfants,... j'ai horreur de mon travail mais j'ai pas le choix, car il faut bien que je paye l'hypothèque, la voiture, le gymnase ainsi que je continue.* Nous pouvons ainsi sans cesse prétexter notre manque de courage. Alors (dernière répétition), nous sommes libres, et les obligations que nous avons sont celles que nous nous imposons. Alors que désirez-vous réellement dans la vie ?

Seriez-vous satisfaits de votre vie si aujourd'hui était votre dernier jour ?

Nous souffrons pour nous sentir victimes, par manque de conscience que nous sommes tous libres. Nous souffrons pour être séparés de notre être.

Ne serait-il donc pas mieux d'être responsables et d'arrêter de chercher des coupables ?

Retour a soi-même

Les émotions

Nos pensées sont liées à nos émotions. Comme nous le savons, notre mental à des répercussions sur notre physique, l'effet de somatisation. Une pensée soucieuse peut nous provoquer des angoisses, une pensée anxieuse, du stress, chaque chose que nous vivons mentalement a des répercussions sur notre corps.

L'intensité va dépendre de notre implication, au plus nous nous identifions avec nos pensées et au plus fort sera le ressenti émotionnel. Il va de soi que moins conscients nous sommes, plus grandes en seront les conséquences, nos attitudes inconscientes nous entraînent vite vers l'enfer en nous identifiant totalement aux émotions qui font partie de notre mental. Chaque fois que nous nous identifions avec les émotions mentales ressenties, nous laissons la souffrance s'installer, nous restons encrés dans notre programmation qui est axée sur le jugement, le besoin, la jalousie, l'envie, ces douleurs émotionnelles sont responsables des douleurs physiques. Le degré d'importance que nous y mettons dépendra du degré ressenti physiquement.

Nous créons nos propres douleurs, nous laissant diriger par nos pensées et en nous refusant le droit d'être, d'exprimer ce que nous ressentons par peur, culpabilité ou toutes ces restrictions que notre mental nous impose. La douleur provient également d'un manque d'acceptation, d'une résistance face à ce qui survient, comme nous l'avons vu dans le chapitre précédent, la résistance nous apporte négativité. Nous restons coincés dans un jugement ou une autre émotion de résistance.

Le problème de vivre dans notre mental est que celui-ci est conditionné par des concepts préétablis du passé. Pour cette raison, nous serons toujours amenés à comparer, à juger (par rapport au connu de notre passé, à ce que l'on nous a enseigné ou ce que nous avons vécu) et tout ce qui est vécu dans le mental a des répercussions sur le corps. Il suffit de faire soi-même l'exercice, une pensée positive nous apportera du bien-être alors qu'une pensée anxieuse nous apportera du stress et un corps tendu.

Détruire nos anciennes structures, c'est annuler notre inconscience, supprimer l'intérêt que nous avons pour le passé et vivre pleinement l'instant présent. La souffrance de l'être humain et de la société est due à cette déconnexion avec notre être profond vivant dans le désir, l'envie, la jalousie, la peur, tous ces sentiments sont hors temps et ne nous appartiennent pas.

S'observer est une règle d'or, observer sa nervosité, son anxiété, son mécontentement, toutes ces émotions sont des conséquences de notre résistance du moment présent. Le désir, la peur, l'envie sont des sentiments de projection du futur. La jalousie, la colère, le ressentiment sont des sentiments du passé. Au présent, ces sentiments n'ont pas lieu d'être. La nervosité de penser que nous n'arriverons pas à temps à notre rendez-vous.L'anxiété que le rendez-vous dure plus longtemps que prévu et d'arriver en retard pour aller chercher les enfants à l'école. Le mécontentement devant cette circulation, l'inquiétude d'avoir oublié de prendre sa pilule. Le stress de ne rien avoir oublié,... et nous n'en finissons plus, nous projetant sans cesse dans le futur ou la remémoration du passé. Ainsi notre corps se charge de résidus toxiques comme le stress ou l'angoisse. Seules la plénitude et la tranquillité peuvent se trouver dans le moment présent, vivant chaque chose à son rythme sans forcer les choses.

Le mécontentement, les plaintes, la négativité sont toutes des réactions de non acceptation, nous passons en mode victime, alors que nous savons maintenant que nous sommes tous responsables de ce que nous pensons et sentons. Être responsable de sa vie, c'est choisir d'agir et non se laisser aller à subir.

En étant dans un état d'espérance, nous ne valorisons pas ce que nous avons, désirant ce que nous n'avons pas, nous enfermant ainsi dans la frustration. Nous ne pouvons être satisfaits dans ces conditions, car finalement le bonheur réside dans ce que nous avons, et il est tout simplement en nous. Vivant hors temps, nous ne pouvons pas apprécier la beauté des choses qui nous entourent. Pourrions-nous contempler un paysage en pensant au boulot ? Si nous accordons de l'importance à ces pensées parasites, il est impossible de vivre ce qui se présente à nous et d'en profiter. Le mental nous enferme, nous refuse d'être et de ressentir. Il en va de même dans notre vie quotidienne, quand nous accordons plus d'importance aux choses superficielles (argent, corps, matériel) qu'à l'essentiel.

La perte, la séparation, la maladie, sont en général des messages qui nous sont envoyés pour nous recentrer sur l'essentiel lorsque nous nous égarons dans le superficiel. Le non respect de notre être oblige ainsi à reconsidérer notre comportement et nous remet en question. Notre corps nous averti lorsque que nous sommes à coté de la plaque, essayant ainsi de nous ramener à nous-mêmes. Nous créons tous notre vie, nos propres problèmes, histoires, et nous sommes les seuls à pouvoir nous sortir de nos créations, personne d'autre ou aucun médicament ne peut le faire pour nous.

Tout le pouvoir est entre nos mains, nous détenons tous la solution à nos problèmes, vu que nous les avons nous-mêmes créés, alors pourquoi chercher la solution en dehors ? Ce sont nos réactions face à une circonstance qui vont décider si nous allons en faire un problème ou pas, c'est notre degré d'identification avec nos sentiments qui va faire que nous allons en souffrir ou pas. Tout dépendra de notre situation face à nous-mêmes, à savoir si nous avons respecté nos émotions .

On peut s'enfermer dans des situations qui nous détruisent, juste par condition mentale et par confusion, entre ce que nous ressentons et nos pensées.

Continuant, par exemple, à travailler dans un boulot déplorable par peur ou culpabilité d'en sortir, les années passent ainsi sans enthousiasme et en lutte constante. A force de supporter l'insupportable, il arrive que l'être humain ne sache même plus ce qu'il veut. Pourtant, nous avons tous la capacité de ressentir à un moment donné ce qui serait bon pour nous. Dans ce cas il faudrait sauter sur l'occasion pour passer à l'action sans attendre, car très vite viennent se greffer les conditionnements mentaux, les peurs, la pression de l'entourage,… ce qui peut nous amener à dévier de notre ressenti et ne plus nous respecter. Il faut savoir que le corps essaye toujours de nous diriger au mieux.

Voyons cette petite histoire.

Marie, 38 ans, travaille comme secrétaire depuis maintenant 12 ans, elle n'a jamais vraiment aimé son boulot car elle aurait toujours désiré dessiner. Elle dédie le peu de temps libre qu'elle possède à sa passion. Elle aimerait par-dessus tout en vivre et pouvoir se dédier à temps plein à cette pratique qu'elle fait avec tout son amour. Quand elle osa enfin partager l'idée de cette envie avec son mari, celui-ci ne la laissa même pas s'exprimer complètement, lui reprochant son manque de raison. Elle devrait apprendre à être moins égoïste, et penser plus à la famille. Un seul salaire ne sera jamais suffisant pour nourrir leur enfant, payer l'hypothèque de la maison, entretenir les deux voitures,... et que dessiner n'est pas un métier. *Il est impossible de concevoir de gagner sa vie en gribouillant.* Il rajouta qu'elle devrait se sentir honorée d'avoir un travail comme le sien, et qu'il ne voulait plus entendre parler de ces foutaises. Marie passa quelques années de plus à vivre cette condition, en allant travailler tous les jours sans enthousiasme, et en oubliant son rêve,... jusqu'au jour où elle tombe gravement malade et qu'on lui pronostique un cancer du sein.

Que pouvons-nous observer avec cette histoire ?

- Marie n'écoute pas ce qu'elle ressent mais le point de vue mental de son mari, elle est donc coincée dans ses peurs et se refuse le droit de faire ce qu'elle aimerait. Elle continue à consacrer la majorité de son temps à un travail qu'elle supporte difficilement et considère comme ennuyeux. En agissant de la sorte, écoutant ses peurs et non son ressenti, elle se manque de respect.

- D'autre part, nous pouvons constater la programmation de son mari qui ramène tout au superficiel, et qui ne se préoccupe pas d'écouter ce que ressent sa femme. Pour lui, les factures auxquelles ils devront faire face sont plus importantes que l'épanouissement de sa femme. Pouvons-nous considérer que ceci soit de l'amour ?

- Cancer du sein. Comme dit auparavant, le corps va essayer de nous faire revenir à nous-mêmes en nous envoyant un message fort afin de nous guider au mieux. Il essayera dans la majorité des cas de toucher l'organe qui est en rapport avec ce que nous avons à comprendre, (de très bons livres sont écrits a ce sujet, je vous en recommanderai au bout de cet ouvrage). Le problème au sein concerne l'affectif, forte émotion, dignité de la femme.

La maladie signifie la séparation, la dualité avec nous-mêmes. Pour cela, il est important d'apprendre à accepter ce que nous ressentons en le laissant vivre, nous accepter tel(le)s que nous sommes sans nous laisser influencer par nos conditionnements ou d'autres personnes au risque de nous manquer de respect. Si nous laissons diriger nos peurs (donc nos pensées), nous nous sanctionnons nous-mêmes de notre propre liberté.

Faire ce qui nous rend heureux, et non faire les choses par obligation, par mauvaise conscience, écouter son ressenti et non notre mental, si je sens que je n'ai aucune envie d'assister au mariage de Marc et Sylvie, pourquoi devrais-je m'y forcer ? Par mauvaise conscience ? Par peur de ce qu'ils vont penser de moi ? Si je ne veux pas y aller, y a-t-il vraiment une explication à donner ou ai-je le droit d'être fatiguée après une dure semaine, et d'opter pour le repos plutôt que de me forcer à faire acte de présence ?

Faire ce que l'on ressent peut être commencé par de simples choses comme celle-ci. Être honnête avec soi-même, cela pourrait rendre nos relations beaucoup plus vraies, « d'être à être », et non de forme déguisée.

Se laisser aller et s'écouter sont les seuls moyens de retrouver son chemin. Ne plus fonctionner avec sa pensée car celle-ci nous éloigne tout simplement de ce que nous sommes, et nous fait douter de tout. Nous avons tous des facultés exceptionnelles pour être en accord avec nous-mêmes et nous remettre sur le bon le chemin : notre intuition, notre corps et notre ressenti. Mais il faut tout simplement apprendre à ne pas laisser s'imposer nos pensées conditionnées, qui chercheront souvent à reprendre le pouvoir (en nous remémorant les soit disant : règles de vie, normes).

Il n'est pas question pour autant de rejeter notre mental, car s'il est très mauvais conseiller pour prendre le pouvoir sur notre ressenti, en revanche il garde toute son importance pour réaliser ses objectifs et mettre certains projets en pratique. Il faut juste apprendre à s'en servir correctement (comme déjà dit), et savoir garder les rênes afin de ne pas devenir esclaves de celui-ci.

Tout est possible et rien n'est impossible. Si certaines choses vous paraissent folles, soyez fous ! Vous êtes sans aucun doute sur la bonne voie. La folie n'existe pas, elle est seulement une barrière rigide de la raison, qui vient s'imposer à ce que vous avez de meilleur à offrir, cette chose qui fait que vous êtes uniques et que l'on a besoin de vous.

La raison provient des normes de notre éducation. Elle aura le pouvoir si on la laisse prendre le dessus, de nous remettre dans l'alignement de l'esclavage. L'ignorer nous incite à ne pas passer à coté du sens de notre vie. Le monde n'a pas besoin de copies conformes et de rigidité, mais bien de la créativité de chacun, d'enthousiasme, et de beaucoup d'amour dans chaque chose que nous entreprenons.

Décider de vivre ainsi, c'est décider de vivre vraiment, sans mensonges, de vivre dans la justesse, la joie et la paix.

Il est important de développer son ressenti, ses sentiments, de vivre ses émotions. Délaissons peu à peu les carapaces, les tranchées que nous nous sommes construites pour nous protéger de certaines souffrances vécues. Ces protections ont été mises en place pour ne plus revivre ces souffrances déjà expérimentées, mais il n'est pas possible de vivre sains et heureux en étant déconnecté avec une partie de nous-mêmes. Installer ses protections entraîne une séparation, un déchirement et une déconnexion totale face à nous-mêmes.

A quel point pouvons-nous voir que certains individus se sont coupés de leurs sentiments, de leur ressenti, et ainsi en venir à faire des choses impensables.

La pire des choses que nous pouvons faire est de réprimer nos sentiments, ne pas écouter ce que nous ressentons, par peur de nos pensées.

Laisser libre cours à son ressenti, c'est retrouver la magie, les envies. Nous sommes tous ici pour quelque chose que nous possédons, ce quelque chose qui fait que chaque être est unique. Vivre dans la sécurité, le connu, nous anéantit, et nous fait passer largement à côté du bonheur, de la joie. Apprendre à distinguer ce que nous ressentons de ce que nous pensons, apprendre à lâcher prise et s'autoriser à vivre chaque sentiment, sans y mettre un frein comme celui de notre éducation. Tout se trouve en nous, nous avons chacun les ressources qu'il nous faut pour accomplir ce que nous avons à faire, il faut seulement vouloir et savoir les utiliser à bonne escient.

Accepter que chacun d'entre nous se trouve sur le même piédestal, que nous portons tous en nous de la haine, des colères ainsi que de l'amour et de la joie, cela fait partie d'un tout ; l'amour et la haine sont les faces de la même pièce (pour rappel), ne faut-il pas savoir ce qu'est la haine pour savoir ce qu'est l'amour ? Chaque état est fait pour être expérimenté.

Notre monde de dualité fait partie de notre apprentissage, comme chaque sentiment possède son opposé, nous expérimentons de cette façon toutes sortes d'émotions. Chacun a un travail personnel pour pouvoir atteindre l'évolution qu'il a besoin pour se réaliser. Reconnaître que nous sommes tous des êtres avec de l'agressivité, de la colère et que ces sentiments doivent être vécus au même titre que tout le reste. Accepter ces sentiments et les vivre sont la base du respect envers soi-même.

Il est primordial de s'autoriser à vivre ses émotions, quelles qu'elles soient. En refusant de les vivre, l'être humain se laisse aller à la séparation de lui-même, ce qui le fait souffrir au plus profond de son être. Le mental prenant souvent le dessus, il se refuse de vivre ce qu'il ressent. Laissant la plupart du temps son mental le dominer et se refusant de vivre ses émotions, il n'est donc plus uni à lui-même, cette séparation face à lui-même, ce manque de respect font partie de sa destruction.

S'écouter, faire des choses pour soi, suivre ses sentiments, vivre ses émotions est primordial pour vivre pleinement. Nos pensées ne doivent pas intervenir dans cette relation face à nous-mêmes, vivre selon ses envies, faire ce qui nous rend heureux sans nous freiner par nos pensées.

Se connaître, prendre du temps pour soi, pour se découvrir au plus profond, prendre soin de soi, nous sommes les seuls maîtres de notre bien-être ou mal-être, nous détenons tous les clés de notre santé. Prenons conscience que nous vivons ensembles et que nous sommes tous reliés les uns aux autres et à ce qui nous entoure. Que nous le voulions ou pas, nous sommes tous unis, et vivant au même moment sur cette terre, ayant chacun quelque chose à y apporter.

Apprendre à voir et à ressentir ce qui nous entoure, c'est regarder les choses différemment. Prendre conscience de l'existence de la force, de l'union entre chaque chose, c'est percevoir l'énergie qui nous entoure, découvrir un monde différent qui ne possède plus aucune structure et hors de tout raisonnement.

Nous sommes tous source d'énergie, reliés aux autres. Si nous pouvions en avoir conscience, nous pourrions vivre l'union. La vie est simplement magnifique à partir du moment où nous la vivons consciemment. La vie a tant à nous offrir si nous sommes ouverts à ce qu'elle a à nous apporter, on a tant à ressentir dans le moment présent, centrés avec ce que nous sommes, dépossédés de toute croyance, de toutes peurs, mais vivant chaque jour intensément .

Se reconnecter avec ce qu'il y a de plus profond en nous est réellement la seule et unique directive à suivre, elle sera juste et censée. Retrouver son bon sens qui a été agonisé par la société. S'écouter, prendre du temps pour se retrouver, de revoir ses priorités et sa façon de vivre, prendre connaissance de ce qui nous entoure et réapprendre la communication avec l'environnement. Sans cette source fondamentale, il n'est pas possible de vivre en harmonie, tout est énergie et échange, en avoir conscience permet d'agir correctement et respecter chaque élément qui nous entoure.

L'harmonie passe par le respect de soi et des autres. Nous avons des capacités, et sommes ici pour les appliquer chacun à notre manière. Le pire que nous pouvons faire est de suivre un schéma et ne pas se donner vie, car chacun de nous est unique et aura forcément quelque chose de différent à apporter.

Nous pouvons savoir quand nous nous trouvons sur le bon chemin, par le simple fait que nous sortirons du groupe, de cette structure instaurée (la société). Ceci arrive à partir du moment où nous n'écoutons plus ce que pensent et font les autres. Alors nous pouvons sentir que nous sommes en accord avec nous-mêmes, que nous faisons ce qui est bon pour nous, car nous sommes les seuls responsables de nous avoir imposé cette direction et personne d'autre, cela vient du plus profond de notre être. Vivre en bonne sante signifie vivre en harmonie, en accord avec soi-même, connecté à son être.

Nous venons tous sur cette terre avec des sentiments purs, (amour, spontanéité,...). Ceux–ci sont innés et ne peuvent être transformés. Seules les croyances et idées se créent et s'imposent à nous dans cette vie au fur et à mesure que nous avançons. Comme celles-ci sont venues se greffer au fil du temps (et ne sont pas naturelles, innées), nous avons le pouvoir de les transformer, de ne plus subir leur influence.

Notre corps est contaminé par des peurs, des croyances, des culpabilités, nous avons pour la plupart un travail à faire enfin de pouvoir nous libérer de ces carapaces. Travailler avec son corps permet de s'en libérer. Nous souffrons pour être séparés de notre ressenti, de notre essence, pour nous interdire de vivre nos émotions à cause de ces fausses croyances.

Vivre avec ce qui nous rend heureux, avec ce que nous ressentons sans faire intervenir nos pensées qui nous freinent dans nos élans ; si nous sentons par exemple l'envie de prendre dans nos bras notre ami Paul, pourquoi se freiner en pensant à ce qu'il pourrait déduire de ce geste ? Si vous sentez que vous avez besoin de vous retrouver pour décompresser, et qu'un petit week-end à la montagne serait idéal, pourquoi penser que vous ne pouvez pas laisser les enfants et le mari seuls pendant ce temps ? Si vous voulez vous offrir une petite chose qui vous tient à cœur, pourquoi penser que vous ne pouvez pas vous le permettre ? Si vous sentez l'envie d'une bonne glace au chocolat, pourquoi pensez-vous aux calories ? Si vous sentez que votre relation avec Geoffrey est un désastre, pourquoi ne pas arrêter tout de suite avant de vous trouver des excuses ? Vivre les choses comme nous les sentons, c'est arrêter de nous mettre des interdictions, des obligations et des excuses.

Prendre du temps pour soi, se connaître, prendre soin de soi, n'est pas du tout un acte égoïste mais essentiel afin de vivre en accord avec soi-même. S'accorder du temps pour apprendre à écouter notre voie intérieure qui nous aidera à vivre avec nos sentiments. Prendre confiance en nos intuitions, cela nous reconnecte à notre être, nettoyer son être de toutes ces informations et conditionnements qui nous absorbent et pouvoir s'orienter sans leur influence. Se reconnecter est un processus de libération des programmations reçues, se connecter à son être passe également par la libération de l'identification.

Retourner à soi-même, c'est retourner à son état pur, à ce que nous sommes tous réellement mais pour notre plus grand désarroi, la plupart d'entre nous ont perdu le contact avec cet être fabuleux en s'identifiant de façon erronée à leur mental qui détient une programmation, nous divisant sans cesse entre ce que nous sentons (notre être pur, ce que nous sommes réellement) et nos pensées (notre programmation, notre fausse identité) ne laissant pas de place à son être. Comment pouvons-nous espérer l'harmonie, la joie, et la santé ?

Aligner ce que nous ressentons avec ce que nous pensons est la direction à suivre pour revenir à ce que nous sommes. Quand nous commençons à penser et à agir en conformité avec ce que nous ressentons, nous nous rapprochons de notre être. Cela peut entraîner certains changements, et éventuellement causer des situations inhabituelles avec certaines personnes de notre entourage (famille, amis, social ou professionnel). Si ces personnes sont bloquées dans leurs programmations, ils ne vont pas comprendre certaines de vos décisions et attitudes qui ne sont pas communes pour eux (car restant limités dans leurs programmations, ils ne conçoivent la vie qu'au travers de celles-ci).

Quand Paul se rend compte de ce qu'il veut vraiment faire et qu'il prend la décision d'arrêter ses études d'ingénieur qu'il n'a jamais réellement aimé pour suivre son envie d'aller travailler dans un cirque. Nous pouvons dire qu'il a dû faire face à un bon lot de critiques et jugements de la part de son entourage. Le plus dur a été le reniement de ses parents, ceux-ci ne pouvant concevoir sa décision et ayant honte de leur fils, ils n'ont plus souhaité recevoir de ses nouvelles. Nous pouvons nous demander où est l'amour là-dedans ! Comme déjà dit, nous vivons dans un monde où l'image est plus importante que l'être humain lui-même et où le concept d'amour est faussé. Cette triste vérité provient du profond encrage de la programmation mettant en avant l'apparence. Si nous reprenons la petite histoire, nous pouvons nous demander si le bonheur de leur fils ne devrait pas être le plus important ? Mais s'accrochant au *qu'en dira-t-on*, à l'image, les parents de Paul en oublient l'essentiel, celui de voir leur fils heureux.

Ce petit exemple peut démontrer à quel point nous sommes conditionnés et enfermés dans des concepts préétablis. Il en dit également beaucoup sur la volonté et le courage de se respecter et faire face à certaines personnes enfermées dans leurs conditionnements. Malgré que Paul est épanoui dans ce qu'il fait, il n'aurait en aucun cas pensé perdre ses parents. Une chose est sûre, il ne pouvait plus vivre à coté de lui-même, se forçant à être une personne qu'il n'est pas, tout cela pour garder une réputation et « l'amour » de ses proches.

L'essentiel n'est-il pas de vivre ce que nous ressentons et d'être ce que nous sommes réellement ? Vivre de cette façon est un changement constant de mentalité, et pour cela il est nécessaire d'avoir une ouverture mentale afin de désinstaller notre programmation (pensées) pour écouter ce que nous ressentons. Pour autant, nous pourrions nous libérer de notre mental, dans la mesure où nous sommes à notre écoute, celle qui habite notre cœur et qui nous dirige vers la liberté.

Reconnaître ses sentiments et se permettre de les vivre, c'est-à-dire ne plus les retenir mais les développer pour qu'ils soient le moteur de notre vie, est la base même du bien être. Agir par notre ressenti et non par influence de nos conditionnements (pensées), ne plus fonctionner en fonction de ce que l'on nous a enseigné (ce qui est correct, admis socialement) si cela va à l'encontre de ce que nous ressentons.

Être nous, c'est nous respecter, nous faire confiance, suivre nos intuitions, ce que nous ressentons profondément. Les peurs n'ont pas de raison d'être. L'important est de vivre totalement avec ce que nous ressentons et non ce que nous pensons car dans ce cas nous serions influencés par toutes sortes de conditionnements comme prendre en considération ce que pensent les autres. Si nous suivons ce diagramme, nous n'en sortons jamais et restons coincés dans une insatisfaction.

Maintenant, il faut prendre en compte que nous pouvons tomber dans la manipulation de nos sentiments par manque de courage ou de peur, pensant que la décision que nous allons prendre peut blesser certaines personnes. Si nous fonctionnons à travers la peur, cette décision ne sera pas correcte. Si par contre nous agissons à travers une objectivité inconditionnelle, alors nous serons dans le bon. L'important étant de ne pas se mentir à soi-même, pour nous aider, nous pouvons nous poser les questions suivantes :

De quoi ai-je peur ? Quelle décision prendrais-je si je n'avais pas peur ?

Une petite parenthèse sur « L'amour »

Ne pourrions-nous pas en même temps nous remettre en question sur le concept que nous avons de l'amour, qui lui aussi n'a pas été épargné par les conditionnements de notre éducation ? Ce qui pourrait par exemple expliquer cette façon d'aimer. Ne pourrions-nous pas reconsidérer ce qu'est réellement l'amour ? Celui-ci fait souvent l'objet de malentendus, frustrations, mécontentements, notre société nous le signale comme source de souffrances.

Nous avons, pour la plupart d'entre nous, une conception de l'amour qui est d'aimer sous conditions, en espérant en retour. Nous aimons dans le besoin de recevoir, et vivons l'affectif à travers des conditionnements. Nous pensons ainsi plus à notre bonheur qu'a celui de l'autre personne, même si cela est inconscient. Nous souffrons de cette manière des déceptions quand l'autre ne répond pas à nos attentes. C'est-à-dire que lorsque nous aimons, nous avons des espoirs envers l'être aimé,... qu'il nous donne de l'amour en retour. Nous sommes pour la plupart possessifs, jaloux, alors qu'un être humain ne peut appartenir à personne, si ce n'est que d'être fidèle à lui-même.   Mais qu'en est-il de la liberté d'autrui ?

Pour   illustrer ces propos, voici une petite histoire :

Jean et Claudine ont travaillé toute leur vie dans une entreprise de textile qu'ils ont conçu eux-mêmes, et à laquelle ils ont dédié tout leur temps. L'entreprise représentait pour eux des années de travail, d'investissement, mais aussi leur fierté. Claudine qui ne voulait pas passer à coté de la maternité eut un enfant avec Jean : un fils unique appelé David.   Les années passèrent, Jean et Claudine se firent de plus en plus vieux et eurent l'espoir que David allait reprendre cette entreprise familiale à laquelle ils avaient dédié autant de temps, d'investissement et de passion.   David ressentait cette pression imposée par ses parents mais avait aussi ses propres rêves.   Il n'avait pas l'intention de reprendre cette entreprise, il aurait aimé être libre de choisir son propre chemin (*ce qui est le droit de chaque être humain*). Les conversations à ce sujet se faisaient de plus en plus présentes et il n'en ressortait que disputes et désaccords, laissant à chaque fois des sentiments de frustrations.

Amour et liberté sont inséparables, pouvons-nous proclamer notre amour à quelqu'un, tout en lui coupant les ailes ?

Dans l'exemple ci-dessus, les parents se soucient-ils de leur fils ou de leurs propres intérêts en faisant porter par David le fardeau de leurs espoirs ?

De même, nous avons tous pu malheureusement entendre des histoires comme le cas d'un couple qui décide de se séparer. Le mari délaissé ne supportant pas de savoir son ex-femme heureuse avec un autre en vient à assassiner ce nouveau compagnon. L'amour est-il possession ? Pouvons-nous prétendre aimer si nous ne souhaitons pas le bonheur de l'autre ? Il en va de même avec certaines mères de famille qui ne laissent pas leurs enfants voler de leurs propres ailes, leur reprochant qu'après tout ce qu'elles ont fait pour eux, ils pourraient bien s'occuper d'elle. Il est inutile de préciser le sentiment de culpabilité que les enfants peuvent ressentir dans ce cas, et en arriver à se refuser le droit de vivre pleinement.

Il est difficile de faire la part des choses, moi la première, car notre entourage ou ce que nous avons appris reflète cette forme d'amour (que cela soit à travers des chansons que nous entendons, des séries télévisées, des couples d'amis ou de nos parents), et nous démontre cet amour conditionnel. Mais il n'est pas dit que nous ne pouvons pas remettre en question cette manière d'aimer.

L'amour est pur et ne demande rien, c'est un sentiment qui naît de l'intérieur, un ressenti envers une personne ou une chose qui ne demande rien en retour. Aimer n'est-il pas donner plutôt que d'avoir besoin de recevoir ? Aimer n'est-il pas partager plutôt que d'obtenir ? À partir du moment où nous nous situons dans le besoin, dans l'attente, ne devrions-nous pas revoir notre définition de l'amour ? L'amour donne et accepte chaque individu comme il est, respectant sa liberté.

La jalousie est-elle réellement source ou preuve d'amour ? L'amour n'aspire-t-il pas au plaisir du bonheur de l'autre, à la réussite, plutôt qu'à la destruction ou à la possession ?

L'amour n'est-il pas une énergie, ne doit-il pas circuler librement sans attentes et sans enfermement dans des systèmes de croyances ?

Sortir de cette illusion d'amour conditionné, c'est rentrer dans l'amour inconditionnel, un amour sans aucune attente, aimer sans rien espérer, aimer tout en respectant la liberté d'autrui, aimer sans imposer ses désirs, aimer tout simplement sans condition, aimer l'autre pour ce qu'il est et non pour ce qu'il pourrait être, respectant les choix de l'autre même si nous avons une autre opinion.

L'amour est fluide, il passe par le respect et l'amour de soi, sinon dans ce cas, comment pourrions-nous aimer ou respecter l'autre ? D'où l'importance d'apprendre à s'aimer tout simplement, cela n'est en rien égoïste mais au contraire vital, sans quoi il se peut que nous demandions à l'autre de nous aimer à notre place, et pourrions tomber dans des relations qui seraient sources d'attentes, de possessivités, de jalousies et autodestructives.

L'amour est beau et est incapable de faire souffrir, comment le pourrait–il ? Nous souffrons car notre perception de l'amour n'est pas toujours « correcte », nous n'aimons pas réellement, nous espérons. Le vrai amour nous remplit et nous donne de la joie car la seule chose désirée est de donner purement et simplement, désirant le bonheur de l'autre, avec ou sans nous, et quoi qu'il ou elle fasse.

La souffrance est tout simplement impossible car l'amour ne possède aucune souffrance. Si nous en venons à souffrir, il serait bon de se remettre en question sur notre façon d'aimer.

Conclusion ; en étant nous-mêmes source d'amour, en donnant, nous ne sommes pas dans le besoin de recevoir, car nous sommes nous-mêmes un canal d'amour. Nous sommes donc libres de toute attente d'amour de la part des autres, et si l'amour vient a nous, nous ne pouvons que le recevoir avec plaisir. Il se peut que pour arriver à un véritable amour, il nous faille faire un travail intérieur afin de nous libérer de tous les schémas d'erreurs que nous avons emmagasinés au fil du temps. Mais ne sommes-nous pas tous des apprentis dans la vie ? Le tout réside dans la volonté de vouloir vivre dans la vérité, le respect, la liberté avec cet ingrédient fondamental qui n'est autre que l'amour.

Les Peurs

La peur psychologique est bien l'une de nos plus grande barrière, elle fait partie de notre programmation, elle nous retient dans nos croyances, nous empêchant ainsi de vivre libres, d'être nous-mêmes. Elle nous détient enfermés dans des concepts, elle est en partie l'origine de nos souffrances, et nous empêche de sortir de nos structures.

La peur est bien établie en nous et c'est celle-ci qui va nous empêcher de dépasser nos limites, ayant peur de faire le saut. Nous restons esclaves dans notre forme de vivre, elle est présente en nous, mais se camoufle derrière une attitude de victime, trouvant ainsi toujours des excuses pour ne pas agir, pour excuser notre manque d'action. La peur nous interdit de nous libérer et de révéler notre véritable être.

Elle va toujours être encline à nous faire chercher la sécurité, le connu, refusant tout ce que l'on ne peut contrôler, refusant l'aventure, s'imaginant les pires des scénarios et créant ses propres drames. De cette façon, nous restons accrochés à un système de pensée et de non action.

Il serait bon d'apprendre à connaître la peur, connaître ses circuits, car cette peur nous empêche d'être nous-mêmes, nous interdit de respecter ce que nous sentons, d'écouter notre véritable être. La peur nous enferme dans ce que nous avons construit comme cercle de commodité. En se laissant influencer par la peur, et lui laissant prendre le dessus dans notre vie, nous nous convertissons peu à peu en zombies, faisant les choses mécaniquement, par défaut, par restrictions que nous nous sommes nous-mêmes imposées.

La peur est une création qui est propre à chacun de nous, une prison qui à été créée par nos soins et qui nous empêche de voir clairement qui nous sommes réellement. Nous sommes donc les seuls à décider de refuser de rentrer dans ses scénarios et de s'autoriser à être soi-même sans contradiction.

Se libérer de ses peurs, c'est libérer son cœur des accumulations de croyances, préjugés, pensées négatives. Se libérer tout simplement de la peur de vivre, car toutes ces accumulations nous empêchent de vivre pleinement.

Pour dépasser la peur, il faut pouvoir changer ses attitudes, ceci permet d'éviter les projections fatalistes, et d'autre part de prendre conscience que nous sommes bien les seuls à nous imposer des interdits pour suivre nos envies, ce que nous sentons. La peur nous retient dans notre mal-être. C'est ainsi que nous nous empêchons de rompre une relation alors que celle-ci est destructive, nous refusant le droit de vivre et d'être heureux. La peur va nous faire continuer un travail alors que celui-ci nous est insupportable. C'est elle qui va nous empêcher le bonheur, c'est la peur qui va nous retenir de quitter Marc pour aller retrouver Luc, l'être que l'on aime mais qui vit dans un autre pays (exemple).

A quel point la vie peut être belle, passionnante et joyeuse, mais à quel point l'être humain à la manie de s'interdire le bonheur. Encore une fois, nous devons prendre conscience que nous sommes les seuls responsables de nos insatisfactions, de notre mal-être, donnant priorité à ce que nous pensons, à nos projections négatives et non ce que nous ressentons.

Estelle (45 ans) vit avec Arnold (55 ans), leur union a bien fonctionné pendant un moment où ils étaient réellement heureux et épanouis dans la relation. Mais cela fait maintenant trois ans que le couple enchaîne les discussions, et ne trouvent plus jamais de points d'ententes. Pourtant ils vivent encore sous le même toit ! Pourquoi les deux individus décident-ils de supporter cet enfer, alors qu'ils pourraient s'en libérer ?

En approfondi, nous pouvons voir qu'Estelle n'a pas de travail depuis quatre ans et vit aux dépends d'Arnold. La peur de se retrouver toute seule et sans travail vu son âge la paralyse complètement, elle opte donc pour supporter cette relation destructive. Quant à Arnold, vu son âge avancé, il est terrorisé par le fait de terminer ses jours seuls. Même si la relation avec Estelle est proche du calvaire, au moins il a une compagnie à la maison, le souper est préparé quand il rentre, la lessive et le repassage sont à jour.

Des exemples comme celui-ci, nous pourrions en citer des dizaines, mais la seule chose que nous devons tenir en compte, c'est que si nous ne sommes pas unis par amour, mais retenus par nos peurs, nous avons tout intérêt à apprendre à faire face à ces dernières au risque de rester dans la souffrance. Seule l'action et l'acceptation de son ressenti peuvent nous libérer.

Pourquoi avons-nous si peu confiance en nous et en la vie, au point de supporter l'insupportable, au point d'opter pour une vie de combat, construisant notre propre prison plutôt que choisissant la libération ? Ne détenons-nous pas en nous les ressources pour faire face à nos peurs ?

La vie est belle et ne devrait pas être vécue ni en victimisant, ni en luttant, mais en se respectant. Ayons confiance à ce qu'elle a à nous apporter, en la vivant de façon consciente, et non en se laissant diriger par nos peurs, nos conditionnements, nos croyances, nos interprétations, ou nos projections. Chacun a la capacité de vivre en paix et dans la joie, en s'écoutant, en se respectant, en étant sincère avec soi-même. Il est vrai qu'il n'est pas toujours évident de faire la part des choses entre notre véritable être, nos croyances et nos peurs. Être honnête avec soi-même est un travail de conscience et d'amour envers soi.

Culpabilité

La culpabilité est également un sentiment qui nous empêche d'aller de l'avant, d'être soi-même, de nous respecter. Elle sépare notre être, créant un conflit intérieur entre ce que nous pensons et ce que nous ressentons. Nous vivons dans la division, et il est clair que dans ce cas, il est impossible d'être connecté à soi-même, et d'être en paix avec soi.

Nous nous sentons séparés et divisés parce que nous ne nous autorisons pas à ressentir telle ou telle chose. Notre programmation, condition, éducation, croyances (nos pensées) interviennent en nous comme des gendarmes, nous interdisant de vivre notre ressenti. Si nous leurs donnons raison, nous perdons contact avec notre essence, avec notre véritable être, car ces croyances sont des choses qui nous ont été imposées et gravées. Ces influences ne tiennent pas compte de notre véritable être.

En agissant de la sorte, écoutant nos pensées pour délaisser ce que nous ressentons, nous rentrons dans le manque de respect vis-à-vis de nous-mêmes, annulant ainsi notre être, ne nous autorisant pas à ressentir ce que nous ressentons, tout cela nous transmet la négativité.

Au contraire, si nous écoutons ce que nous voulons réellement, et annulons la pensée parasite, nous agissons dans le respect de nous-mêmes et sommes sur le chemin d'évolution, en connexion avec notre être intérieur. La culpabilité comme la peur peuvent nous arrêter dans notre évolution, elles mettent toutes-deux des freins à nos envies, elles nous empêchent de vivre ce que nous sommes.

Sabine à depuis toujours eu l'envie d'aller vivre à la campagne, elle est tombée sous le charme d'un petit village éloigné ou elle s'y sent bien et en paix. Ce petit havre de paix comporte quand même son lot « d'incommodités » car il est nécessaire de faire quelques kilomètres pour trouver les services disponibles, magasins, etc... Mais cela ne perturbe pas son désir d'y vivre. Cependant, malgré ce souhait, Sabine vit dans une grande métropole où le stress s'empare d'elle tous les jours. Elle vit dans cette ville non pas par contradiction de ce qu'elle désire, mais bien plus par culpabilité. Sabine est fille unique et sa mère, Carine est malade depuis quelques années. Depuis la maladie de sa maman, sabine ne peut s'autoriser à s'éloigner, car la maman nécessite des soins quotidiens, et pourrait rencontrer à tout moment certaines complications. Carine refuse de séjourner à l'hôpital car comme elle le dit : « *tant que je ne suis pas mourante, je vivrai comme tout le monde* ». Celle-ci est veuve depuis déjà quelques années et compte donc sur sa fille quand surviennent les inévitables complications. Sabine vit un profond mal-être car elle s'est construite une vie qu'elle n'aime pas autour de la proximité physique de sa mère, vivant dans un endroit qu'elle supporte à peine, ayant un travail qu'elle n'aime guère, sans parler des relations sentimentales inexistantes, n'ayant déjà que très peu d'énergie pour elle.

Nous pouvons constater que Sabine est prise dans un profond sentiment de culpabilité vis-à-vis de sa maman, elle ne s'autorise pas à vivre, mettant ainsi en avant des obligations plutôt que ce qu'elle désire. Elle aurait pourtant droit au bonheur comme tout le monde, mais s'accrochant à ses croyances, à ses préjugés, elle se le refuse. D'autre part, la maman n'est-elle pas responsable de ses propres décisions ? Si celle-ci décide de rester à la maison plutôt que de séjourner à l'hôpital, ne devrait-elle pas pouvoir faire face aux complications elle-même ?

Le sentiment de culpabilité détient un fort encrage en nous, si nous lui laissons prendre le pouvoir, nous pouvons passer à coté de notre vie, laissant ce sentiment nous dominer, se refusant le bonheur et le bien être.

Il n'est en aucun cas égoïste de se respecter, respecter ce que nous ressentons, c'est même une base vitale et essentielle pour être bien. Sans cela, il est impossible de vivre en paix et tranquillement. Nous avons toujours le choix et restons bien entendu responsables de nos décisions. Pourquoi ne pas sortir de ces préjugés, des croyances toute faites, de catégoriser le bien et mal ? N'avons-nous pas le droit de vivre ce que nous ressentons ? Il est impossible de transformer nos sentiments, car ils sont purs, mais nous pouvons transformer notre façon de penser. Celle–ci nous appartient rarement, elle vient souvent nous mettre des limites, des barrières venues de notre éducation qui est de distinguer le « bien » du « mal ».

J'ai vécu moi-même dans la culpabilité pendant plusieurs années en étant en couple avec un homme agréable, gentil, attentionné. Il était toujours là pour me donner un coup de main dans les tâches ménagères, mais aussi pour me rendre service de toutes les manières possibles. Il pensait à moi dans tout ce qu'il entreprenait et me mettait en premier plan dans sa vie. Cet homme se donnait à cœur-joie pour réaliser toute ces petites choses qui pourraient me soulager dans le quotidien. Il a toujours été présent pour moi et m'a apporté de précieuses aides. Je n'avais rien à lui reprocher, que du contraire. Le conflit se trouvait au niveau de ce qu'il espérait de moi. Pour ma part je l'aimais tel qu'il était, à ma manière, c'est-à-dire d'une forme différente que la sienne. Je l'appréciais et l'aimais car il faisait tellement pour moi qu'il m'était impossible de penser autrement. L'amour que je lui portais était sans condition, je n'espérais rien de lui, j'aimais le voir et partager des moments, mais en même temps voulais conserver la liberté de mes décisions ou mouvements. La relation que je vivais n'était pas une priorité dans ma vie, comme c'était probablement le cas pour lui. J'avais d'autres occupations, et contrairement à lui, je ne plaçais pas la relation en premier plan.

Comme il donnait tout ce qu'il pouvait dans cette relation et était toujours dans l'attente de recevoir plus de ma part, il m'arrivait d'avoir l'impression de renoncer à mon être pour le satisfaire. Il voulait recevoir en retour ce qu'il donnait, et voulait que je lui dédie beaucoup plus de temps. Il souhaitait que je l'inclue dans mes projets. Il aimait pouvoir se projeter dans le futur avec moi, il désirait une relation qu'il appelait « normale ». Moi, étant de nature instable et imprévisible, je ne voulais pas m'enfermer dans une relation routinière et monotone.

J'ai donc vécu pendant plusieurs années un conflit intérieur, car je ne m'autorisais pas à vivre ce que je ressentais, me disant qu'après tout ce qu'il faisait pour moi, la moindre des choses aurait été de lui rendre cet amour.

Mon ex-compagnon ne comprenait pas mes attitudes, mais gardait espoir que celles-ci changeraient. Sous ses pressions et attentes, je me sentais de plus en plus mal dans la relation, car je ne pouvais lui donner ce qu'il espérait. Je me sentais divisée avec moi-même et par-dessus tout me sentais coupable dans ma façon d'aimer. J'aurais aimé l'aimer de la même manière, mais je ne pouvais aller contre nature. Si je décidais de mettre fin à la relation, je me sentais coupable de le laisser, après tout ce qu'il avait fait pour moi.

Je me retrouvais mangée par le sentiment de culpabilité, quelle que soit ma décision. Malgré plusieurs séparations inévitables, nous reprenions de plus belle, ma culpabilité reprenant le dessus. Cependant, suite a un travail d'acceptation de mon ressenti, j'ai adapté ma pensée avec mes actions, et je suis sortie de cette relation qui n'avait d'autre issue que l'enchaînement de discussions.

Nous pouvons voir à quel point le sentiment de culpabilité peut nous déstabiliser et nous enfermer dans un mal-être, ne nous autorisant pas à être qui nous sommes, ne nous autorisant pas le bonheur. Dépasser le sentiment de culpabilité demande force et persévérance, s'autoriser à vivre et confier en soi, avoir suffisamment d'amour de soi-même pour nous accepter tels que nous sommes, ce que nous ressentons. Chacun reste responsable de ses choix, chacun reste responsable de ses décisions.

Il en va de même avec Sabine (avec sa maman malade) qui ne devrait pas se sentir responsable de la décision de sa mère, ni coupable de vivre sa vie. Mais nous sommes programmés avec des croyances, des interprétations de ce qui est bien et mal au détriment de notre écoute, de nous laisser vivre et d'être qui nous sommes.

Nous pourrions voir d'autres exemples, mais nous en viendrons aux mêmes conclusions. Toute souffrance résulte d'une séparation avec notre être, allant contre son ressenti et agissant à travers un « nous » qui ne nous appartient pas, mais qui est tellement bien encré et qui se confond au point de nous identifier retenus à travers ces principes et croyances.

Se reconnecter à son être, c'est appendre à vivre sans toutes ces influences, s'autoriser à ressentir ce que nous ressentons, en écoutant son être profond et non les *qu'en dira-t-on* ou les interprétations de correct/incorrect, juste/pas juste, bien/mal, Si nous pouvions nous écouter sans faire intervenir ces influences, nous ferions toujours ce qui est bon pour nous, nous pourrions ainsi vivre en paix et avec tranquillité.

Apprendre à ne pas laisser nos conditionnements prendre le dessus, c'est apprendre à être conscient de nos attitudes, nos actions, c'est s'intéresser à soi, se remettre en question. Garder en mémoire que nous sommes tous conditionnés par notre éducation, société,… mais nous sommes tous libres de revenir à nous-mêmes et non plus d'agir sous l'influence de ceux-ci au risque de passer à coté de soi-même.

Chacun possède son propre chemin, l'évolution se fera en cours de route, l'objectif étant que nous vivions tous en connexion avec notre être, avec ce que nous avons de plus profond, ce que chacun de nous EST, tout simplement.

Ce travail intérieur et individuel, consiste à apprendre à travailler avec son mental et son ressenti enfin de savoir à tout moment où nous nous situons. Savoir distinguer si nous agissons réellement en étant nous-mêmes, ou à travers de ce que nous croyons être nous ! (notre être sous influence de croyances et conditionnements,…)

Retrouver son savoir inné

L'être humain perçoit le monde à travers ce qui l'entoure, mais également par son éducation. Celle-ci influence d'une certaine manière son comportement, prenant l'habitude d'analyser intellectuellement, de raisonner, d'avoir une vision objective, reposant son savoir sur les connaissances scientifiques qui viennent apporter des réponses toutes faites.

Prenant ce qui lui est proposé comme vérité, pourquoi l'individu devrait-il chercher plus loin ? Écoutant ainsi les informations transmises en les considérant comme réelles, fonctionnant avec une confiance aveugle, que cela soit par l'enseignement qu'il a reçu, ou ce qui lui a été démontré, l'individu apprend rigidement sans se remettre en question.

En agissant de cette manière, l'être humain reste coincé dans un système donné, celui des stéréotypes de la société. Il reste de même enfermé dans des programmations. L'individu ne se connaît pas réellement, il n'en a pas pris le temps, et en a perdu le contact avec son essence. Il suffit de regarder autour de soi pour s'en rendre compte, l'individu ne se respecte plus et en même temps ne respecte plus rien, détruisant chaque jour sa source d'oxygène qui n'est d'autre que la nature, son environnement.

Revenir à soi-même, c'est prendre conscience que nous sommes liés les uns au autres, c'est prendre conscience que ne pas respecter son environnement, c'est se manquer de respect, détruire ce qui nous entoure, c'est nous autodétruire. Nous faisons partie du grand tout, chaque élément de notre entourage est en connexion directe avec notre être, chaque élément de la nature est une partie de nous–mêmes. Nous disposons d'un maître fantastique pour apprendre à nous connaître : la nature. Nous faisons tous partie intégrale de celle-ci, nous ne sommes pas séparés du monde animal étant donné que nous descendons de celui-ci. Il faut savoir que nous partageons plus de 98% de notre ADN avec certains singes. Celui qui se sent séparé des autres espèces et reste indifférent à son environnement ne pourra jamais réellement se connaître et se connecter à son être.

Revenir à soi-même, c'est revenir à l'origine des choses. Seule une face du monde à été démontrée, ayant ainsi une vision limitée du monde. L'homme a appris à le percevoir à travers la matière, le solide, mais ce monde se limite t-il à cela ?

Toute notre éducation nous a conditionné à ne concevoir que cet angle de vision, alors que le monde est bien plus que cela. Outre la matière qui est visible à l'œil nu, l'être humain baigne dans l'énergie. Malheureusement, sa capacité à la percevoir n'a pas été développée. L'individu possède les possibilités de percevoir cette énergie qui l'entoure. Comme pour le reste, découvrir le monde dans sa complexité va demander un travail, celui de sortir des concepts préétablis, celui de sortir de sa vision analytique, de ses jugements et de sa raison, pour rentrer dans le ressenti et pouvoir ouvrir son champ de vision.

Ayant oublié sa véritable nature, l'homme a perdu le contact avec son être, chaque individu est pourtant un être multidimensionnel et capable de bien des choses, il n'appartient à lui qu'à retrouver cette connexion, sa véritable nature. Cet oubli de lui-même le positionne dans l'ignorance, s'identifiant à une identité qui est bien loin de lui correspondre (comme nous l'avons vu dans le chapitre précédent).

Toute chose inexplicable par la science, la logique humaine, nous à été cataloguée comme source de terreur, de peur. Ce qui est un comble, car nous avons été éduqués pour avoir peur de nous-mêmes, de notre propre nature. Ceci nous rend d'autant plus vulnérable pour nous laisser nous remodeler aux intérêts d'une société.

Reprendre contact avec ces mystères, c'est reprendre contact avec soi-même, c'est reconnaître sa véritable nature, celle qui n'a pas été conditionnée. Retrouver son être à l'état pur et revenir à la nature apporteront une évolution au niveau de la planète. Celle-ci ne peut avancer sans une évolution individuelle, ne serait-il pas temps de remettre les choses à leurs place et se révéler à soi-même, retrouver la connexion avec notre être (ou n'interviennent ni conditionnements ni schémas) ? Chaque individu possède la capacité de voir au-delà de la matière, mais est limité à ne pas aller voir plus loin. Tout est en son pouvoir, c'est à lui de décider, de dépasser ses limites. A lui de décider de sortir de cet alignement, outrepasser ce qu'il a instauré, sortir de la prison dans laquelle il s'est enfermé.

Apprendre à regarder au-delà, c'est ne pas se limiter à ce qui a été enseigné, c'est ouvrir ses sens à l'invisible. L'homme possède des capacités insoupçonnables. Apprenons à les développer, oser sortir du cercle tout tracé ne peut être que bénéfique. Ne serait-il pas bon de se libérer de toutes ces charges, de ces fausses moralités, libérer tout ce que génère le mental et revenir a soi ?

L'individu reste souvent coincé dans ses limitations par la peur, car la société s'est chargée de mettre des étiquettes aux courageux qui ont la volonté de sortir de ce système dit *raisonnable*, de sortir de ce moule afin d'agir différemment. Ceux qui en sortent sont traités de fou, toute personne étant hors *norme de la raison* portera une étiquette. Ne pourrions-nous pas nous demander qui est réellement fou ? La personne qui va s'écouter, se respecter et agir selon ce qu'elle ressent en surmontant toute moralité,... ou la personne qui renonce à elle-même, restant enfermée dans un système de pensée qui n'est pas le sien, dans l'alignement ? N'est-il pas plus facile de traiter ces personnes de folles afin d'excuser une vie rangée et le respecter de toutes ces normes qui entravent sa propre manière de penser et d'être ?

Qui a dit que nous devions agir de telle manière ? Qui a dit que le cycle de la vie se résume à travailler et à fonder une famille ? Qui a dit qu'il était interdit de rire aux éclats dans la rue ? Que nous devons faire trois repas par jour si notre corps n'en ressent pas le besoin ? Que nous ne pouvons pas nous reposer quand nous en sentons le besoin ?

Personne, la réponse est personne.

Alors pourquoi regarder de travers ou mettre une étiquette aux personnes qui agiraient de cette manière, qui prendraient des vacances quand cela leur chante, riraient à pleines dents dans la rue, prendraient le temps de faire la sieste quand ils le sentent, fuiraient la routine et embrasseraient la vie, restant ouvert à toutes expériences ? Mais avant tout ils écouteraient leurs ressentis et se respecteraient.

La vie est un jeu et devrait être pris comme tel. Mais l'être humain est lamentablement sérieux, à prendre tout à cœur, rangé dans son quotidien, répétant chaque jour la même chose, les mêmes gestes, n'a-t-il pas oublié de rire avec la vie ? De s'émerveiller devant les surprises, de chanter, de danser,... complètement robotisé, il s'enferme dans la routine et les actes mécaniques. Quel affront fait-il subir à son être qui ne demande que de rayonner, éprendre sa lumière, être créatif, vivre dans la joie, vivre l'amour, créer sa propre vie, s'exprimer ? Au lieu de cela, l'homme lui fait le pire des torts, ne le reconnaissant pas, le traitant comme inexistant, suivant le troupeau dans l'obscurité.

Se donner le droit d'exister, c'est se révéler à soi-même, reconnaître son potentiel. Reprendre contact avec le monde de l'invisible, sentir l'énergie qui nous entoure, c'est cette énergie qui est à l'origine de tout changement, mouvement dans l'univers, mais aussi qui nous pousse à agir, entreprendre, ressentir.

Reprendre contact avec l'énergie qui nous entoure nous ramène à nos origines. Nous avons tous la capacité de la ressentir, de la percevoir. L'homme est, pour la plupart du temps, tellement coincé derrière des principes, des raisonnements, et un esprit analytique, qu'il ne peut se laisser aller au ressenti. Pour se faire, il faudrait qu'il procède à un lâché prise de tout ce qui le retient dans ces structures, un lâché prise de ses restrictions mentales et du contrôle qu'il détient sur les choses. A partir de ce moment là, il serait déjà plus adapté pour sentir et percevoir ce qui est impossible, de voir avec la raison. Tout jugement le déconnecte de son être.

N'est-il pas temps d'ouvrir son champ de vision, de sortir de toutes ces charges que nous portons, d'être responsables, de prendre notre bonheur en main et non plus chercher des excuses extérieures. Décider d'être attentifs à ses comportements (réflexes qui viennent de la programmation reçue), mettre de la volonté à vouloir sortir de ses structures pour vivre libres de ces influences, pour se prendre en main ?

Décider réellement ce que l'on veut faire de notre vie sans avoir une route à suivre. Écouter son intérieur et lui donner l'opportunité de s'exprimer, revenir au respect de soi-même et d'autrui, utiliser l'amour comme moteur pour avancer, apprendre à vivre avec son potentiel, s'éprendre, apporter ce que chacun est venu apporter à ce monde. Tout est possible, le tableau vierge, à chacun d'y peindre ce qu'il désire. Aucune limite n'est imposée, aucune règle à respecter, seulement s'écouter, écouter son cœur, nettoyer les vielles mémoires et vivre consciemment le moment présent. Nous n'avons de toute façon rien d'autre,... le reste n'est qu'illusions ou souvenirs.

Chacun possède la possibilité d'avancer, de voyager à travers ces dimensions, de se libérer. Certains auront la préférence de rester dans l'esclavagisme profitant de cette facilité de laisser penser les autres pour eux, qu'ils leurs indiquent un chemin, qu'ils choisissent leurs valeurs, ainsi ils s'enlèvent cette responsabilité. Ceux-ci ne liront pas ce livre ou l'auront déjà fermé depuis longtemps. En décidant de ne pas changer intérieurement, ils n'apporteront pas non plus d'évolution extérieure.

L'individu a l'opportunité de faire un pas en avant, en réveillant sa conscience. Les vibrations de la terre l'aident particulièrement en cette époque (crise économique), invitent chaque être humain à se questionner sur ses valeurs.

Saisissons cette chance offerte pour notre évolution personnelle, nous ne pouvons qu'aller dans le bon sens, mais ceci doit se faire par un travail individuel intérieur, et la volonté de chaque individu. Se consacrer à ce travail intérieur, réveiller sa conscience, ne sont pas du tout des actes anodins, car ils sont la clé de la libération et de l'évolution.

Chaque individu a le choix d'aller vers un changement, de se libérer ou de rester emprisonné dans son connu, tout est entre ses mains. Reprendre contact avec son être est la plus belle des choses que chaque être puisse faire , car vivre sans cette connexion est source de souffrances.

La nature de chaque être humain n'est d'autre qu'énergie, amour et lumière, et à travers ceci l'être peut se manifester. L'homme a pour véritable nature d'être créateur, venu s'éprendre. Il est loin du compte pour faute d'avoir délaissé son âme au nom de l'alignement.

L'homme est enfermé dans des concepts préétablis qui sont de vieilles mémoires qui lui ont été transmises. Ayant été éduqués dans des milieux où règne la peur, ou tout doit être pris comme un combat, que l'on n'a rien sans rien,... où la femme n'a pas le droit au plaisir sexuel, ni à la libre expression. Malgré que tout ceci a évolué, les veilles mémoires restent gravées dans notre disque dur (notre mental), mais nous avons le pouvoir de nous nettoyer de ces charges qui ne nous appartiennent pas, de nous libérer et de reprendre contact avec notre être.

Nous pouvons décider de retrouver notre âme. Personne n'est amené à prendre la même route car chacun possède son propre chemin. Nous sommes dans l'erreur à vouloir nous ressembler les uns aux autres, faire des copies conformes, car chacun possède sa propre mission. Notre réalisation dépend d'unir notre vie quotidienne avec cette mission qui ne peut être révélée que par notre être.

Chaque être humain est un être d'amour, mais la plupart est déconnecté de cette source. Au lieu de s'intérioriser, de reprendre contact avec cet être d'amour, l'homme, juge, critique et agit à travers une fausse identité qu'il s'est bâti, restant enfermé dans ce moule. Il est bien difficile de répandre l'amour, car même l'amour (comme nous l'avons vu) est conditionné. Seul notre être connaît le véritable amour car il est lui-même amour, il n'a donc qu'à s'ouvrir.

Retrouver son savoir inné n'est d'autre que retourner à cet être d'amour, reconnecter son être en dépassant les programmations, schémas qui nous ont été inculqués. Re-formater notre disque dur, retrouver notre savoir inné, c'est reprendre contact avec le monde que la raison nous empêche de voir. Retrouver notre savoir inné, c'est aussi ouvrir notre conscience, c'est nous reconnaître en tant qu'être multidimensionnel, c'est voyager à travers les dimensions, c'est comprendre que nous sommes tous unis les un aux autres, que nous vivons en interconnexion. Nier cela, c'est nier son être. Prendre conscience que nous sommes tous des êtres créateurs et que notre être ne demande qu'à s'exprimer, qu'à ouvrir sa conscience afin de nous rendre la place qui nous revient. Vous arrive-t-il de regarder au-delà de l'apparence physique ? Regardez-vous au-delà du matérialiste, voyez-vous plus profondément l'être de l'autre personne ? Sentez-vous l'interaction que vous avez avec cette personne ? Percevez-vous son énergie ? Sentez-vous ce qui vous uni à elle ? Nous reconnaître à travers ses yeux, avoir de la compassion pour cette personne, toutes ces sensations sont à notre disposition. Si nous apprenons à vivre consciemment, nous éveillerons tous les pouvoirs qui dorment en nous.

Apprendre pour enseigner, s'élever pour que d'autres puissent s'élever à leur tour, répandre l'amour dont chacun est capable pour recevoir les vibrations d'amour. L'être humain n'a rien d'autre de plus important à faire ici que de retrouver cette union et agir à travers l'amour. Il ne pourra faire autrement, une fois reconnecté à son être, car lui-même est amour.

Nous avons tous le choix, nous sommes tous amenés à décider d'aller vers une évolution ou rester enterrés dans de vieux schémas et laisser le monde comme il est – ce qui parait une absurdité – car personne ne voudrait réellement continuer dans ces conditions. Nous avons le choix maintenant, à nous d'agir, chacun en faisant son travail intérieur, en retrouvant sa connexion avec soi-même et donc avec les autres. Répandre son être, créer, aimer, reconstruire ensemble un monde basé sur ce que chacun d'entre nous est vraiment, sur le respect de notre véritable nature, et non vivre à travers un moule. Nous avons l'opportunité de changer, de revenir à la vérité. L'évolution intérieure à le pouvoir de nous rendre heureux.

Les outils à notre disposition

Vivre l'instant présent : être conscients

Tous nos changements d'attitude vont dépendre de notre état de conscience. Nous pouvons émettre un changement dans nos comportements seulement si nous sommes conscients de ceux-ci. Il est évidemment impossible de changer nos comportements si nous agissons dans l'inconscience et mécaniquement.

En apprenant à vivre consciemment et en s'appliquant vraiment dans l'action présente, la vie peut prendre un sens totalement différent, car dans ce cas nous agissons d'une manière plus posée, conscients de nos actes. Vivre consciemment nous aide à éviter d'agir à tort et à travers et d'être attentif à soi-même, à ce que l'on ressent.

La plupart du temps, l'être humain a le défaut de fuir ce qu'il est en train de faire, ne se situant plus dans le moment présent, mais dans ses pensées, planifiant d'autres choses. La raison de ces fuites peut être un manque d'intérêt, ou un manque d'appréciation dans ce qu'il fait. Il essaye alors de fuir par le remède de la pensée en se projetant dans des jours meilleurs.

Ne pas vivre le moment présent crée des tensions. Fuir le moment présent entraîne le mal-être et est la base du stress. Vivre mentalement, c'est passer à coté de la vie.

Vivre, n'est-ce pas avant tout ressentir ? Et est-il possible de ressentir dans nos pensées ?

Notre culture et notre société nous ont pourtant beaucoup plus incité à vivre mentalement que dans l'instant présent, ce qui nous éloigne d'autant plus de nous-mêmes et donc nous rend vulnérable aux informations extérieures. Mais nous sommes tous libres, et seule notre propre volonté peut nous ramener à l'instant présent, revenir à nous-mêmes. Notre évolution est de vivre consciemment, accepter le moment tel qu'il est sans émettre de jugements ou poser des étiquettes. Retrouvons notre être pur, et reprogrammons nous chacun à notre manière. Cessons de suivre des conditionnements qui nous ont été imposés.

Être présent avec tous nos sens, dans chacune de nos tâches, apporte apaisement et tranquillité. En agissant de cette manière, nous nous respectons. Le moment présent est tout ce dont nous disposons, nous n'avons rien d'autre, le passé étant passé et le futur est à venir. Nier le moment qui nous est présenté, c'est nous refuser de vivre tout simplement, car nous ne pouvons vivre (ressentir) que dans le moment présent. Il est impossible de se sentir vivant dans le passé et encore moins dans le futur, car ces deux opposés sont inexistants. En restant dans cette dynamique, nous n'existons pas réellement, c'est-à-dire séparés de notre être. Nous pouvons comprendre pourquoi la connexion avec notre être peut paraître si ardue pour certains d'entre-nous, car celle-ci demande d'être présents, et non penser à demain, ou encore se remémorer les souvenirs d'hier.

L'individu vit hors temps, pensant à la vie pendant que celle-ci défile devant son nez. Notre être ne connaît pas la notion de temps, car pour lui, seul l'instant présent compte. Il ne connaît ni le passé ni de futur, c'est pour cela qu'il est libre de toute charge émotionnelle et de toutes tensions. Il EST, tout simplement. Peu lui importe demain, car il ne peut vivre dans la projection ni survivre dans le passé (contrairement au mental qui ne peut exister dans l'instant présent mais se nourrit du passé et du futur).

Cela signifie que notre être vit à travers le ressenti. Le mental sert seulement d'outil à son service. Il a conscience que l'instant qui lui est offert est unique, et il veut le vivre intensément. Quand nous nous situons dans nos pensées, nous ne pouvons pas être réellement présents. Nous vivons pour la plupart déconnectés de notre être et reliés à toutes nos programmations (qui sont gravées mentalement), leur donnant ainsi de la valeur, et les nourrissons chaque jour en leur accordant de l'importance au détriment de notre être.

Notre identification faussée en est le résultat. Comment pourrait-il en être autrement si nous nous exprimons depuis nos pensées et non à partir de notre être ? Il nous est facile de juger, critiquer, comparer, alors ne ferions-nous pas mieux de respirer et prendre ce qui s'offre à nous ? Nous prenons tout tellement au sérieux que nous oublions même de vivre. Nous n'honorons plus rien alors que la vie nous offre tant de belles choses. Nous ne prenons pas le temps de la remercier, de recevoir ses cadeaux. Nous les ignorons et passons à coté, préoccupés par nos problèmes, car il faut tout de même bien les alimenter, les ressasser, sans quoi ils n'existeraient pas !

Tous les soirs nous avons droit à un beau ciel étoilé. Qui prend encore le temps de recevoir ce cadeau ? Le matin nous pouvons entendre les chants des oiseaux, qui accueille cette mélodie ? La plupart de nous étant bien trop pressés, juste le temps d'avaler un café et de partir au boulot, bien trop occupés à « lutter » contre quoi, si ce n'est contre soi-même ?

Vivre le moment présent nous ramène à nous-mêmes et est un très bon moyen pour revenir à l'essentiel. Si nous nous perdons dans le temps, nous perdons également la connexion avec nous-mêmes (le passé n'existant plus et le futur n'existant pas encore). L'art de vivre le moment présent demande de faire taire les dialogues intérieurs inutiles et de se connecter à notre ressenti. Respirer consciemment peut nous ramener au moment présent, mais également faire ce que l'on aime, cela permettra d'attacher toute notre importance au moment, d'être en accord avec notre essence et vivre pleinement.

Toutes les belles soirées passées, tous les bons moments vécus, sont le résultat de moments présents (du passé) et non de pensées. Savoir vivre le moment présent est source de bonheur, l'adulte a beaucoup à apprendre de l'enfant qui, lui, est encore spontané et libre de conditionnements. Il vit la vie chaque jour sans se préoccuper du lendemain. Pour l'enfant, ce temps est inexistant, il vit ses émotions telles qu'il les ressent, sans les analyser, sans se poser de questions comme par exemple s'il est bien ou non de rire, de pleurer.

Vivre le moment présent, c'est se respecter, s'autoriser à vivre tout simplement, revenir à la vie. Dans notre mental nous ne pouvons vivre. Nous pouvons calculer, analyser, décortiquer, comparer, étudier, mais nous ne vivons pas car la vie se déroule ici et maintenant. Le moment présent est dénudé de problème, il EST tout simplement, il ne possède pas de charge émotionnelle. Être conscient nous ramène au moment présent. Apprendre à être conscient et contrôler notre mental nous reconnecte à notre être, à notre essence.

La pensée positive

Comme nous avons pu le constater auparavant, le mental possède un énorme pouvoir sur notre harmonie et notre bien être. Nous créons et sommes responsables de notre réalité, que cela soit à travers nos pensées, nos croyances, nos idées, nos jugements, ou encore nos actions.

Nos pensées possèdent une emprise sur notre vie à ne pas sous-estimer. Elles la conditionne, l'influence, c'est une réalité à ne pas négliger, d'où l'importance d'être conscients de nos pensées car celles-ci se reflètent dans notre vie. Nos pensées ont des pouvoirs incroyables, avec elles, nous sommes capables de surmonter des épreuves ou nous détruire, de franchir des obstacles ou de nous enfermer dans la peur, d'être en bonne santé ou malade.

Tout va dépendre de la qualité de nos pensées. Encore une fois, nous sommes responsables de celles-ci. Nous pouvons arriver à tout surmonter par la pensée positive. Le contraire est tout aussi valable, nous pouvons nous détruire totalement en entretenant des pensées négatives. Comme je l'ai déjà mentionné, la vie est un jeu et connaître les principes nous invite à jouer, à notre avantage, et non à subir les conséquences. Le tout va résider dans notre manière d'utiliser ces règles afin d'en sortir gagnants. Dans le cas contraire (ignorer les règles), nous en subirons l'incompréhension. En règle générale, la vie nous rend toujours ce que nous semons. Chaque geste et parole que nous émettons sont des vibrations. Si celles-ci sont chargées d'amour, nous recevrons en retour des vibrations d'amour. En revanche, si nos actions ou gestes sont remplis de colère, celle-ci nous reviendra.

La vie nous renvoie la balle dépendant de la manière dont nous l'avons lancée. En clair, si nous voulons recevoir de l'amour, il faut pouvoir en donner. Si nous ne voulons pas recevoir de la haine, il est évidant qu'il ne faut pas en envoyer non plus. D'une autre manière, si nous sommes positifs dans nos pensées, la vie nous renvoie le positif, si au contraire nous sommes négatifs, la vie nous le rendra aussi.

La vie est généreuse et nous rendra toujours ce que nous semons, quand nous semons des haricots, nous récoltons bien des haricots et non des carottes. Il en est de même pour les lois de l'univers, elles nous renvoient exactement ce que nous semons, ni plus ni moins. Encore une fois, à nous de savoir ce que nous voulons planter, car il ne faudra pas venir se plaindre des récoltes, étant donné que nous sommes les seuls à décider de ce que nous voulons. La pensée positive est aussi importante que de vivre le moment présent, ce sont des ingrédients primordiaux pour se confectionner une vie harmonieuse.

Nous pouvons encore une fois voir l'importance d'entretenir une bonne hygiène mentale, de ne pas la laisser s'encrasser de tous les résidus négatifs. Le bonheur commence intérieurement, nous créons totalement notre vie par nos attitudes, par nos pensées. Nous possédons tous le pouvoir de nous construire une vie positive et constructive,... ou une vie destructive où règne la négativité.

Apprendre à gérer ses pensées est une action qui mérite toute notre attention, car de celle-ci dépendra la qualité de notre vie. Comment pouvons-nous imaginer réussir un examen si nous sommes persuadés que nous allons échouer ? Comment pouvons nous décrocher un travail si nous avons une image déplorable de nous-mêmes, nous sentant complètement inutiles ? Comment allons nous attirer la personne de notre vie si nous pensons que personne ne nous correspond ? Encore une fois, il est bon de nettoyer les vieilles mémoires qui peuvent influencer notre perception des choses, il est bon d'avoir foi et croire en soi, partir d'un pied positif ne peut être que bénéfique, nous rendre plus sereins et sûrs de nous. Les influences du passé devront être dépassées. Nous sommes les seuls à décider ce que nous voulons être, rien ni personne d'autre ne peut le faire a notre place.

Il ne sert plus à rien de démontrer le pouvoir que possède le mental sur nous. Le laisser nous dominer nous positionne en victimes.

Contrairement, prendre le dessus sur lui et le diriger vers ce que nous voulons peut nous faire réussir tout ce que nous entreprenons. Nous pouvons décider de vivre heureux ou en tant que victime.

Avoir conscience de cela, c'est savoir que nous sommes les seuls maîtres de notre existence, de notre vie. Toutes les expériences sont là pour nous apporter quelque chose, à nous d'en retirer le message adéquat et de rebondir.

Être conscients à quel point nous dirigeons notre vie est primordial afin de nous créer de bonnes choses en utilisant cet outil formidable : la pensée positive.

Plus nous ferons usage de cet outil, plus nous aurons conscience que nous sommes les seuls créateurs de notre vie. Apprendre à l'utiliser au quotidien, peut-être en se complimentant pour nos actions quotidiennes, en filtrant ce qui nous entoure. Réorganisons notre vie pour nous consacrer à des tâches pleinement choisies, ce qui nous rendra la vie plus agréable. Écoutons des chansons joyeuses, utilisons l'humeur au quotidien et arrêtons de prendre la vie au sérieux, vivons les choses avec détachement.

Mettons de l'énergie dans les choses que nous désirons, concentrons-nous sur celles-ci et non leur contraire. Les peurs et la négativité ne nous apportent rien de constructif, nous le savons tous, alors pourquoi les alimenter ? Être conscients du pouvoir que possède notre mental, c'est savoir diriger sa vie. Soyons attentifs à nos pensées afin de garder une bonne hygiène mentale, apprenons à faire le ménage fréquemment, ceci nous évitera d'emmagasiner des résidus toxiques (culpabilités, peurs, négativité, …) pour notre bien-être.

Apprenons à être reconnaissants envers la vie, pour ce que nous avons, pour ce qu'elle nous offre, la gratitude est une pensée positive. Et qui sait, nous pourrions être reconnaissants envers la vie en sachant nous concentrer sur ce que nous avons et non sur nos manques. En général, chaque chose possède son coté positif, il est plus bénéfique de se concentrer sur ces qualités que sur ces défauts.

Il est dans notre avantage de mettre de l'énergie pour atteinte nos objectifs, plutôt que voir nos manques ou nos faiblesses. Tout est une question de savoir cibler nos pensées, les dirigeant selon l'intérêt recherché. Si par exemple nous avons perdu notre travail, au lieu de nous concentrer sur cette perte, pensons que nous allons retrouver du boulot sans trop de problèmes. Si nous avons des soucis d'ordre économique, au lieu de nous focaliser sur les factures, mettons notre énergie dans les solutions (réduire certaines dépenses, faire des gaufres et aller les vendre au marché,...). Il y a toujours des solutions, mais nous préférons voir tout en noir et nous centrer sur les problèmes. Ils ne peuvent donc que s'amplifier, c'est une logique incontestable. Si nous avons un gros bouton sur le front, ce n'est pas en lui donnant toute notre attention que celui-ci va disparaître. Au contraire, il se fera encore plus présent. Pour éliminer certaines choses, il ne faut pas les alimenter, au risque de nous enfermer dans un cercle vicieux. Apprenons à ne pas nous laisser nous disperser par nos pensées en restant conscients.

Penser positif, c'est entrevoir la beauté de sa vie. Nous sommes les seuls à mettre des freins dans nos réalisations ou à donner vie à nos rêves, apprenons à parler dans le bon sens, apprenons à parler positif, nous avons tous le pouvoir de créer la vie que nous voulons vraiment. Le tout va dépendre de l'utilisation de nos pensées. Encore une fois, notre *attitude* va déterminer notre qualité de vie. En étant positifs, nous attirons l'énergie positive et celle-ci peut nous aider à transformer une montagne en grain de sable. Nous sommes les seuls créateur de notre réalité, n'est-ce pas magnifique ?

Profiter des occasions pour faire un retour à soi

La maladie devrait être, pour l'être humain, une occasion de revenir à soi-même, et non considérée comme une malchance ou une fatalité. Comme déjà dit, l'homme est responsable de ses souffrances, douleurs, et de sa santé (même si cela peut être difficile à accepter). Pour ce faire, celui-ci aura plus tendance à se comporter en victime (en restant enfermé dans ses croyances et dans de mauvaises interprétations) que de se sentir responsable de sa vie.

Il est clair qu'il n'est amusant pour personne d'être malade, mais il faut savoir que la maladie apporte un message, un avertissement à l'individu : qu'il ne vit pas en accord avec lui-même, avec son être, et qu'il ne se respecte pas. Lors de périodes d'égarement, la maladie vient apporter de précieux renseignements. L'accueillir de cette façon est source d'évolution. Si nous pouvons décrypter ces messages, la maladie sera le déclenchement pour nous ramener sur le bon chemin, celui d'être en accord avec nous-mêmes, de nous reconnecter avec notre être, d'agir dans l'amour.

Une bonne grippe qui nous cloue au lit et qui nous force à faire le point, une fracture qui nous empêche de travailler parce que nous ne sommes pas en accord avec nos actes, ou encore que cela soit un accident,... traduit notre culpabilité. Chaque circonstance nous apportera le message adéquat, nous aurons alors la possibilité de nous écouter et de nous prendre en compte,... ou encore de faire la sourde oreille. Dans ce cas, il y a de forte chance pour que cette maladie se répète (comme moi dans ce livre !), en aucun cas pour nous martyriser, mais au contraire, pour nous donner une nouvelle occasion de nous respecter, de revenir à nous-mêmes, de vivre avec ce que nous sommes réellement.

La compréhension de ce message dépend intégralement de notre volonté, car il est clair que si dés le début l'individu se positionne en victime, il n'en tirera rien pour son évolution,... et de plus il utilisera la maladie pour s'enfoncer encore un peu plus. En réagissant de cette manière, il restera dans l'incompréhension, et s'il ne vient pas à changer son attitude, il y a peu de chances qu'il vive en bonne santé, épanoui, et en connexion avec son être.

Prendre sa vie en main, c'est savoir se responsabiliser devant toutes ces circonstances. La maladie offre des renseignements extraordinaires pour évoluer. Il est clair qu'il est toujours mieux de ne pas en arriver là et de comprendre les choses avant. En essayant de nous écouter attentivement (comme parlé dans les chapitres précédents) en apprenant à nous respecter et vivre avec notre être, et non à travers des schémas ou des programmations qui ne sont pas les nôtres.

La vie est un apprentissage, l'homme peut avoir des moments d'égarements, le tout est de s'en apercevoir au plus tôt et de changer le cap afin de s'unir à son être et non en lutte contre lui. La maladie est un message, elle intervient quand nous agissons contre nous-mêmes sans nous en rendre compte, elle veut tout simplement nous forcer à revenir à nous-mêmes, nous démontrant que nous agissons à notre encontre.

L'être humain a besoin de s'exprimer. S'il se réprime, que cela soit par divers contextes sociaux, par son éducation, son être lui fera sentir. Il lui démontrera qu'il ne s'est pas respecté pour avoir écouté les réprimandes de son disque dur (pensées) ou pour avoir mis en avant des principes qui ne lui appartiennent pas. C'est ainsi qu'il s'interdira d'exprimer ce qu'il ressent, d'être en colère, de rester enfermé dans des situations destructives. La maladie viendra y mettre une halte, essayant ainsi de lui faire comprendre qu'il est grand temps de s'écouter et de se respecter.

Écouter le message qu'elle a à dire est donc primordial, afin qu'il s'unisse de nouveau à lui-même, de se remettre en route avec ce qui lui correspond vraiment, et non interpréter un personnage qui n'est pas le sien, en oubliant ce qu'il est.

Toute expérience est bonne pour tirer des leçons et pouvoir ainsi nous rediriger vers quelque chose qui nous corresponde. Nous sommes tous venus ici pour expérimenter, nous pouvons tous être enclins à l'erreur ou faire un faux pas. Il n'y a aucun mal à cela, mais il faut apprendre de ses faux pas, sinon nous risquons bien de rester éternellement au même stade, ce qui serait contre nature, car notre mission va vers l'évolution.

L'être humain est constitué pour évoluer et non faire du surplace, pour cela sa vie est en constant mouvement. Il doit apprendre à suivre ces changements, en étant ouvert à ceux-ci, aux imprévus et non à la rigidité et la sécurité. Il est venu pour expérimenter et non stagner , il est donc bon d'accueillir toute source d'évolution, de déchiffrer les messages, de se remettre en question et par-dessus tout, d'oser être soi-même, s'autorisant à vivre ce qu'il ressent, de faire ce qu'il sent, et d'agir selon ses besoins.

Remercions notre corps qui nous prévient de tout manque de respect au lieu de nous sentir désemparés et malchanceux, remercions-le pour l'opportunité qu'il nous donne de nous arrêter et de nous intéresser à nous-mêmes. Seulement par le fait de regarder la maladie sous cet angle, cela peut changer totalement notre approche du monde en prenant d'autant plus en compte que l'individu est totalement responsable de sa vie et donc le seul à changer le cours des choses selon l'attitude qu'il adoptera.

Il est clair que si le premier réflexe face à une maladie est de la faire taire en prenant des calmants ou autre dérivés, peu d'opportunité aurons-nous pour apprendre d'elle, pour nous intéresser à nous et pour changer de cap ! En utilisant cette politique de l'autruche, nous faisons taire les cris qui pourraient être l'opportunité de nous prendre enfin en considération, de nous apporter l'amour auquel nous nous sommes refusés en nous manquant de respect, en nous retardant le droit d'exister tel et comme nous sommes.

La vie n'est en aucun cas injuste, mais met sur notre route ce dont nous avons besoin pour respecter notre être, évoluer. Chaque chose à sa raison d'être et devrait être accueillie comme une opportunité d'évoluer, de changer. Faire taire les alertes que la maladie nous transmet, c'est faire taire la chance que nous avons pour vivre. Vivre enfin en accord avec nous-mêmes, cela ne demande que le respect de notre être. Ignorons-le, et il nous le fera sentir tôt ou tard de façon violente, tout dépendra de notre niveau d'opposition face à lui.

La conclusion peut se résumer à accueillir toujours les situations, circonstances qui se présentent à nous pour évoluer, considérer la maladie comme un message qui nous demande de revenir à nous-mêmes, de nous respecter à nouveau, de nous autoriser à être qui nous sommes. Accueillir la maladie sans juger afin d'en tirer les messages et de les appliquer, comprendre la source profonde du mal-être et non le faire taire au plus vite, car nous perdons les indices de pouvoir changer ; *si j'ai mal à la tête et que je prends de suite une aspirine, je n'aurai même pas le temps de me remettre en question, ni même de déchiffrer la cause de ce mal-être.* Notre corps ne nous lance jamais des cris sans raisons, il ne nous donne pas de douleurs pour le plaisir, mais bien avec un but précis. Il parle à sa manière, c'est-à-dire avec tous les moyens dont il dispose, en nous procurant des douleurs pour que nous le prenions en considération.

Déchiffrer les messages de notre corps est réellement une relation d'amour envers nous-mêmes. Nous prendre en considération est déjà un grand pas vers la guérison. Nous intéresser à nous-mêmes est un bon geste envers notre être, nous le sortons de l'oubli, il se fait entendre. Nous pouvons lui en être reconnaissants. Gardons en mémoire que le mal et la souffrance sont des opportunités qui nous sont offertes pour notre évolution. Car quand tout va bien, que nous sommes heureux, nous n'apprenons pas (ou pas grand-chose), nous sommes occupés à profiter du bien-être ressenti.

Apprenons à accueillir de la même manière les moments de malheur, car ils sont pour nous des moments pour apprendre, pour évoluer. Nous passons en mode d'apprentissage, et ils sont tout aussi importants dans notre vie. Accueillons cet apprentissage avec satisfaction car la souffrance est un déclenchement vers le changement. Nous en revenons au monde dualiste dont j'ai parlé plus haut, il serait bon d'apprendre à tirer les avantages des deux opposés car ils font partie intégrale de notre vie. Apprenons à être reconnaissants, satisfaits, pour les moments de bien-être qui nous sont offerts mais aussi pour les moments de mal-être qui ont le pouvoir de nous apporter évolution. Les expériences sont faites pour apprendre, les erreurs pour évoluer, ainsi que nous avons tous le droit de nous tromper, de changer d'idée. La vie est faite pour expérimenter, à chacun de trouver son chemin et pour cela, il faut souvent en essayer plus d'un.

Lâcher prise/intuition

Retrouver son intuition, c'est retrouver le dialogue direct avec son être profond, j'entends par là un dialogue pur et sans filtre mental. L'intuition est la capacité de recevoir des messages. Ces messages sont pleins de bon sens, ceux-ci se transmettent par la sensibilité et nous aident à savoir ce qui est bon pour nous devant certains choix ou hésitations auxquelles nous pouvons faire face. L'intuition nous guide à notre essentiel.

Le mental fait souvent défaut à notre intuition. L'intuition est l'outil le plus pur dont nous disposons, car notre être se manifeste à travers celle-ci. L'intuition est libre de tout conditionnement, mais notre mental lui barre souvent l'expression, ne la laissant pas s'exprimer. Nous oublions de l'utiliser, nous ne la prenons pas en considération, nous nous arrêtons au barrage de notre mental.

Le problème de ce barrage est qu'il possède beaucoup d'influence (comme nous l'avons vu) qui nous a été transmise, que nous avons emmagasinée, mais qui ne nous correspond pas forcément. Seule l'intuition est fidèle à nous-mêmes, elle est la porte-parole de notre âme. Si nous pouvons y avoir accès et l'écouter, il y a de fortes chances pour que nous choisissions toujours le chemin adéquat, celui qui nous corresponde.

Notre programmation nous a délibérément déconnecté de notre être vivant de manière rationaliste à travers nos pensées. Nous sommes pourtant des êtres innés, fonctionnant par l'intuition, unis les uns aux autres. Nous identifiant avec notre mental (donc notre programmation), nous ne fonctionnons plus de façon spontanée, nous avons perdu le contact avec notre intuition, avec notre ressenti, car les pensées prennent sans cesse le dessus. Notre être s'est réduit à un robot qui suit un programme. En désactivant celui-ci, nous pourrions tous retrouver notre liberté.

Être en contact avec notre intuition demande un certain nettoyage intérieur, celui qui nous détachera de notre programmation, de nos jugements, de nos peurs, de nos culpabilités,... car si nous nous laissons aller à cela, nous ne pourrons pas nous connecter à notre intuition, d'où l'importance de faire un nettoyage sur tout ce que nous avons vu au cours de ce livre et ainsi pouvoir avoir accès à ce guide. Il n'est pas toujours évident de détecter ce qui vient réellement de notre être et le ressenti qui est influencé par notre vécu, peurs, ... À force de se faire confiance, nous aurons de plus en plus facile à connaître notre juste vérité et de nous diriger dans le bon sens.

L'intuition se manifeste à travers la sensibilité. Ce sont nos sens qui nous dirigent, et non plus le mental. Il sera nécessaire de procéder à un lâché prise dans notre vie pour pouvoir vivre notre intuition, de même que nous ne pouvons la vivre sans un détachement de nos conditionnements. L'important d'un lâcher est vital pour vivre de manière comblée. Sachons lâcher prise sur les situations passées ou les situations à venir, apprenons a vivre au jour-le-jour avec ce qui se présente, acceptons les choses comme elles viennent sans vouloir avoir de l'emprise sur celles-ci, ni même vouloir les anticiper .

Il serait bon d'apprendre à ne pas calculer, analyser, devancer, mais se laisser aller à ce qui vient, à ne plus fonctionner d'une forme rigide mais flexible. En fonctionnant de cette manière, les angoisses et tensions inutiles disparaîtront. Comment est-il possible de connaître la paix intérieure en étant sans arrêt sur ses gardes à analyser, prédire, anticiper ? Tout cela nous éloigne de la tranquillité. Pourquoi cette dépense d'énergie quand les choses peuvent être aussi simples ?

Pourquoi l'individu se torture-t-il de cette manière ? Au lieu de dépenser son énergie à vouloir tout calculer, tout penser. Ne pourrait-il pas se laisser aller à la magie que lui offre la vie, aux imprévus qu'elle lui présentent ?

Ne pourrions-nous pas vivre plus librement, faire confiance à la vie ? Nous sommes tous des êtres libres. Toutes les obligations que nous avons sont celles que nous nous imposons, celles-ci génèrent du stress, et le stress nous apporte déséquilibre. Apprenons à faire confiance en la vie et en soi-même, ceci est une source de paix intérieure. Nous baissons les armes pour profiter de ce qui nous est offert. Pourquoi ne pas consacrer sa vie au bonheur, à la paix intérieure, juste nous laissant aller et lâchant prise sur les circonstances.

La vie peut être source de joie et d'enthousiasme, mais est-ce que nous nous l'autorisons ?

Détrompons-nous, tant qu'il est encore temps, ne perdons plus notre précieuse vie à de fausses illusions. Nous laisser mener par notre intuition ne peut que nous apporter joie et tranquillité, car nous serions toujours en accord avec nos choix. Si des doutes apparaissent, c'est que nous n'avons pas écouté notre intuition, notre cœur, mais que nous nous sommes laissés emporter par des croyances où une autre tentacule, comme l'est la peur qui nous retient dans nos élans et qui nous empêche d'évoluer ou d'aller de l'avant.

Conclusion

Dans ce livre, je vous ai expliqué l'importance de retrouver la connexion avec notre être (comme l'indique le titre). Nous avons vu ce qui nous éloignait et nous empêchait cette connexion. J'ai essayé de traiter les moyens possibles et envisageables pour retrouver cette connexion, retourner à son essentiel.

Avons-nous conscience de l'importance de cette connexion pour notre bien être et épanouissement ?

Sans celle-ci, nous nous leurrerons dans la pensée de vivre dans la joie et la paix, car nous nous situerons dans la lutte, nous nous sentirons divisés et vides, vivant à coté de nous-mêmes, dans nos illusions. Au contraire, vivre connecté avec son être, c'est avant tout s'autoriser à vivre ce que nous sommes réellement, sans peurs ni angoisses, c'est-à-dire exprimer ce que l'on pense sans se mettre des barrières. Exprimons ce que nous ressentons naturellement sans nous questionner si cela est permis ou non , si cela est juste ou non , si cela est correct ou non, vivons tout simplement. S'autoriser à être, c'est vivre sans masque, n'essayant pas de paraître ou de se cacher derrière des principes, mais exister. C'est aussi créer son propre chemin, celui qui nous convient vraiment sans tenir compte des influences. Enfin. c'est vivre en se respectant et en s'écoutant. Vivre en connexion avec son être nous amène à être créatifs, car nous sommes tous différents et chacun possède un coté original. Nous sommes tous unis, mais avons notre propre façon de nous exprimer car nous sommes libres,... et chacun vivra cette liberté à sa façon. Il n'y a pas d'image à suivre car dans ce cas, nous ne sommes pas avec notre être, mais dans des schémas qui ne sont pas les nôtres,... des gestes et actions que nous reproduisons sans intérêt, à force d'agir de cette façon nous identifions à ce masque et délaissons notre être dans l'oubli.

Reconnecter son être va demander un effort intérieur ; celui de travailler sa partie sombre qui n'est autre que tout nos vécus refoulés et enfouis au profond de notre inconscient, mais qui sont toujours bien vivants même si nous n'en n'avons pas conscience. Ceux–ci nous influencent dans notre vie quotidienne. Il n'est pas demandé de retourner dans son passé, mais de se décharger du poids que nous avons gardé. Nous ne pouvons le traîner éternellement, il faudra bien décider de s'en débarrasser et cela n'apportera que soulagement. Pour cela, il faut une certaine volonté de s'en occuper et non de les ignorer. Être soi demande de ne pas prendre en considération toutes les influences qui nous empêchent d'agir selon notre ressenti. Il faut donc être attentifs, honnêtes et prendre le temps de nous connaître, de nous accepter tels que nous sommes, avec nos défauts, nos qualités, nos faiblesses et forces. N'oublions pas que nous fonctionnons tous avec la loi de polarité et avons tous nos faiblesses et défauts. Il n'y a rien de péjoratif à cela, nous vivons beaucoup mieux une fois ceux-ci acceptés.

Il faudra aussi apprendre à être cohérents, c'est-à-dire allier notre cœur avec notre mental. Ne plus être divisé par les deux, apprendre à vivre avec notre ressenti, notre intuition, dans le moment présent. Une fois que nous vivons d'une forme consciente, cela devient beaucoup plus naturel, car dans ce cas nous sommes conscients de l'influence de notre mental, des messages que celui-ci nous impose.

Nous avons tous le choix et sommes responsables de notre vie, nous construisons donc nos propres valeurs en émettant des choix, nous choisissons ainsi ce qui est juste pour nous. Il n'existe aucune vérité absolue si ce n'est que notre propre vérité. Nous sommes maîtres de nos pensées et de nos croyances, par nos choix nous définissons le sens de notre vie et influençons l'humanité.

Je vous souhaite des rêves à n'en plus finir
et l'envie furieuse d'en réaliser quelques uns.
Je vous souhaite d'aimer ce qu'il faut aimer
et d'oublier ce qu'il faut oublier.
Je vous souhaite des silences.
Je vous souhaite des chants d'oiseaux au réveil
et des rires d'enfants.
Je vous souhaite de résister à l'enlisement, à
l'indifférence,
aux vertus négatives de notre époque.
Je vous souhaite surtout d'être vous."

Jacques Brel

Je recommande

Parce que nous avons tous à apprendre les uns des autres, et que nous avons tous des choses à nous apporter, je vous recommande quelques livres et films qui pourront vous permettre d'approfondir certains thèmes. Le livre que vous venez de lire n'est qu'une introduction à un éventuel changement. Après, le travail dépendra de chacun de nous, les changements ne se feront pas du jour au lendemain. Cela demande du temps et de la volonté pour approfondir certaines choses. Savoir interpréter les messages du corps demande investigation et intérêt, pour déceler ce que notre corps nous raconte. De très bons livres pourront vous apporter l'aide nécessaire à ce sujet. Voici une petite liste de différents ouvrages qui pourront vous servir d'outil dans votre évolution, dans vos changements.

- **Va au bout de tes rêves**, d'Antoine Filissiadis

Ce livre est un roman qui, comme son nom l'indique, nous invite à réaliser nos rêves, ce qui demande bien souvent de surmonter certaines barrières que nous nous construisons. L'écrivain offre la possibilité de faire des stages de développement personnel basés sur des techniques de programmation neuro-linguistique qui peuvent être utiles pour reprendre notre vie en main. Le livre vous en dira plus sur ces séminaires.

- **Dis moi ou tu as mal, je te dirai pourquoi / Un corps pour me soigner, une âme pour me guérir,** de Michel Odoul

Ces deux livres pourront vous aider amplement à décrypter les messages du corps. L'écrivain nous explique exhaustivement que les maladies servent d'indicateurs sur le dysfonctionnement de notre vie et de nos relations, il nous explique d'une manière claire tout ce qui relie notre âme et notre corps.

- **Métamedecine, la guérison à votre protée / Nous ne sommes pas nés pour souffrir mais pour grandir !** de Claudia Rainville

Voici d'autres ouvrages qui nous permettront de déchiffrer les messages de nos maladies. Ce sont des outils que je recommande vivement pour notre apprentissage face à la responsabilité de notre santé.

- **Les lois spirituelles,** de Vicent Guillem

Un petit live qui ouvre une ample vision sur nos sentiments conditionnés. Un message d'amour pour nous libérer de tout nos cercles vicieux. Il nous apporte une meilleure compréhension sur notre monde et les autres. Il nous guide à travers le chemin de l'évolution, de l'amour inconditionnel et de l'évolution personnelle. Je vous le recommande.

- **Les tremblements intérieurs,** du Dr Daniel Dufour

Un outil que je recommande également. Ce petit livre nous amène à nous respecter, à vivre avec notre être, à nous autoriser à exprimer nos émotions. Vivons et mourons en bonne santé !

- **Développez vos facultés psychiques et spirituelles,** de Serge Boutboul

  Un livre pratique qui nous aide à révéler et utiliser nos facultés psychiques et spirituelles. Il nous apportera une vision des potentiels que nous détenons tous et grâce à différents exercices, nous apprendrons progressivement à les utiliser et à nous connecter aux dimensions invisibles qui changeront notre regard sur le monde.

- **Les relations du 21 siècles,** de kath Beaufort

  Ce livre nous aidera à comprendre les schémas de nos relations. Ce qui nous permet de comprendre nos échecs et ainsi pouvoir les convertir en expériences enrichissantes. Nous pourrions ainsi entrevoir nos relations prochaines différemment et avec épanouissement.

- **Travailler moins, vivre mieux,** du même auteur

  Ce livre vous amène sur le parcours de la simplicité et du bonheur, il vous expliquera les démarches à suivre pour vivre mieux en travaillant moins, avec des recettes et des exemples à l'appui, dont la petite histoire de Marc et Geneviève et de leurs enfants. Un livre à ne pas manquer pour nous apprendre à cibler l' essentiel.

Et pour terminer je vous conseille le film

- **La belle verte,** de Coline Serreau

Rempli de messages, avec une petite dose d'humour, il démontre parfaitement l'image de notre société. Elle nous montre une planète dont les habitants sont évolués, heureux et prônent des valeurs comme la coopération et l'harmonie. Une de ses habitantes est envoyée en mission sur terre, lors de son passage, celle-ci va reconnecter certains terriens aux valeurs essentielles, et par la même occasion leur démontrer à quel point ils vivent à coté de leurs pompes .A voir absolument

Il est probable que vous trouviez quelques erreurs d'orthographe ou de grammaire en lisant ce livre, et je vous présente toute mes excuses. Je m'occupe de la correction moi-même, et ce dans l'unique but que vous parvienne l'ouvrage tel que je l'ai pensé, et avec ma manière de raconter les choses. J'espère que vous ne me tiendrez pas trop rigueur de placer mes priorités sur le contenu et non sur la forme.